イラストでみる
楽しい「授業」入門

文　家本芳郎
イラスト　広中建次

高文研

❇――まえがき

❇授業はむずかしい

教育活動の中心は授業である。だが、授業はむずかしい。教育そのものがむずかしいのだが、なかでも、授業は飛び抜けてむずかしい。

授業のあと、たとえば、テストをするが、全員の子どもが満点をとったことなど、ほとんどない。ちゃんと教えたのだから、全員満点のはずなのに……。

この例にみるように、1年をふりかえっても、「会心の授業だ」と笑みがこぼれることなど、数えるほどしかない。常に、不満感・不調感がつきまとう。だが、だれもがそうなのである。

ときどき、やけになって、「わからない、できないのは、子どもが悪いからだ」と思ったりするが、「いや、やはり教え方に工夫が足りなかったのだ」と反省する。授業の1年は、そんなくりかえしである。

とくに、近年、子どもたちのものの考え方・感じ方が大きく変化してきて、それが授業にも影響し、思うように授業ができなくなってきた。それが高じて授業不成立に追い込まれることも少なくない。

❇基礎・基本に戻る

「授業が思うようにいかない」「もっといい授業をしたい」というとき、どうしたらいいのだろうか。なんでもそうだが、どうもうまくいかなくなったら、まず「原点に戻る」ことである。

授業でいえば「授業の基礎・基本」に戻り、自分の授業を見直し、問題点を改めることである。つねに、基礎・基本に戻って、自分の足跡たる授業実践をふりかえってみる、これが授業じょうずだといわれる教師の教育態度である。

本書は、その授業の基礎・基本についてイラストを用いて、まとめた。「楽しい授業」の本だから、おもしろく編集しようとしたのである。

Ⅰ章「楽しい授業をつくる」では、子どもたちにとって楽しい授業とはなにかをとりあげた。「楽しくなければ授業でない」からだ。

Ⅱ章「授業のスケジュール」では、1年間の授業で、かならずぶつかる定番ともいえる活動をとりあげた。工夫しだいでいろいろ楽しくできるのである。

Ⅲ章は「子どもたちといっしょに授業をつくる」とした。授業は教師がつくるのではなく、子どもたちとともにつくるものである。子どもを抜きに授業はつくれない。にもかかわらず、子どもの主体を軽視した授業が多い。この観点を忘れると授業不成立に追い込まれるようになる。

Ⅳ章は「つまずきへの対策」である。授業は教えている子どもたち全員が「わかる・できる」ことが求められる。しかし、実際には、教えれば教えるほど、子どもたちのなかに「わかる・わからない」「できる・できない」の分裂をうんでしまう。この分裂に、教師は、本人は、そして学習仲間はどうとりくみ、みんながわかる・できる授業をつくるのか。そのことをとりあげた。

Ⅴ章「授業の技術」では、発問や板書など、授業に求められる基礎的な技術のいくつかをとり上げた。

これらを参考に授業実践の基礎・基本を問い返し、よくわかる楽しい授業を実践してほしいと願う。

なお、本書は『イラストでみる楽しい「指導」入門』の姉妹編として書いた。あわせてお読みいただければ幸いである。

家本　芳郎

イラストでみる楽しい「授業」入門

◎———もくじ

I 楽しい授業をつくる

II 授業のスケジュール

III 子どもたちといっしょに授業をつくる

IV つまずきへの対策

V 授業の技術

装丁　商業デザインセンター・松 田 礼 一

I　楽しい授業をつくる

授業をめぐる問題は山積している。ひとつは低学力問題である。子どもたちの基礎学力が年々低下している。ついで、授業の不成立問題である。かつて一部にみられた現象が、今や広範囲に広がっている。

その原因はいろいろあるが、授業がおもしろくない、苦痛になったということが大きな要因である。

そこで、ともあれ、あらゆる手段を講じて、子どもの顔を授業にむけなくてはならない。そのキーワードが「楽しさ」である。いかに、子どもにとって「楽しい授業」をつくるかが、授業実践の最大の課題になっている。

授業の3つの問題

ポイント

「学びて時に之《こ》れを習う。亦《ま》た説《よろこ》ばしからずや」という。本来、授業のあるべき学びの楽しさが失われてきた。それは授業をめぐる教材・教授＝学習過程・学習態度についての三重の「管理」のためである。それがどのようなものかを理解し、乗り越える展望をもって授業にのぞみたいものだ。

① 教材の管理

教科書の「準国定化」がすすめられ、国による教科内容の管理がすすめられている。そのことから子どもの実態にそぐわない教育課程の編成により、授業が子どもたちの興味・関心や教師の願い、保護者の要求とかけ離れ、その結果、授業の魅力が大きく失われるようになった。子どもたちの発達や実態にそくした教育課程を編成し、魅力ある教材による授業が望まれている。

② 管理的な教え方

加熱する進路競争による受験学力を育てる授業が広がり、理解－定着であるべき授業が、暗記－定着型になった。その結果、わからなくてもできればいい、できなくてもわかればいいとする管理的授業、一部の子どもがわかれば全員がわかったことにしてすすめていく、能力主義的授業が広がり、授業はますますおもしろくなくなってきた。全員がわかる＝できる授業が求められている。

③ 授業態度の管理

教材がつまらなく教え方がよくなければ、授業は楽しくない。授業が楽しくなければ、別のことで楽しさをつくりだそうとする。私語・手いたずらなど。そうなると、学習態度がよくないとして管理する。学習態度を評定したり、体罰を加えたりする。体罰が授業のなかでもっとも多いのはこのためである。学習態度は大事な指導点だが、魅力ある授業づくりによって学習への集中性をつくりだすべきだろう。

ノート

学習態度は点数に置きかえて評価すべきだろうか。教師によっていろいろであるが、大きく減点法と加点法がある。態度の悪い場合、その状態にあわせて点数を引く、これが減点法。逆に、態度のよい子どもに点数を上乗せする。これが加点法。加点法は激励点ともいう。「いっしょうけんめい勉強したね」というご褒美。どちらをとるかは、教師の指導観、子ども観が問われることになる。

楽しい授業をつくる

これからの授業の3視点

ポイント

時代の流れのなかで、子どもたちのものの見方、感じ方、考え方も大きく変わってきた。そういう変化にあわせた授業を構想すると同時に、受験一辺倒の授業を克服して、生きる希望と勇気を育てる力を身につける授業への転換をはかるべきだろう。これからの授業改革は、次の3視点にある。

1) 楽しくなければ授業でない

これまでの授業は「わかる・できるから楽しい」であった。しかし、感覚でものごとをとらえる風潮が広がり、「わかる・できる」以前に、「楽しくなければ授業でない」というとらえ方が広がってきた。そこで、発想を転換して「楽しいからわかる・できる授業」という授業を構想し、そこから「わかる・できる楽しさ」に導くというすじみちを考えねばならなくなった。

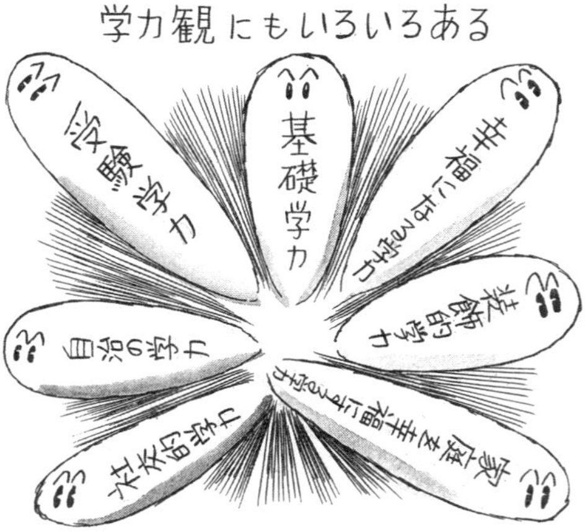

② わかる＝できるの統一

分数の割り算は、割る分数の分母と分子をひっくりかえして、掛け算をすれば答えが求められると教えられた。しかし、なぜ、そうするのかは教えてくれないからわからない。わからないが問題は解ける。これが学力の空洞現象といわれる「わからないができる」であるが、この反対に「できないがわかる」こともある。「わかる＝できる」を統一した授業を心がけたいものだ。

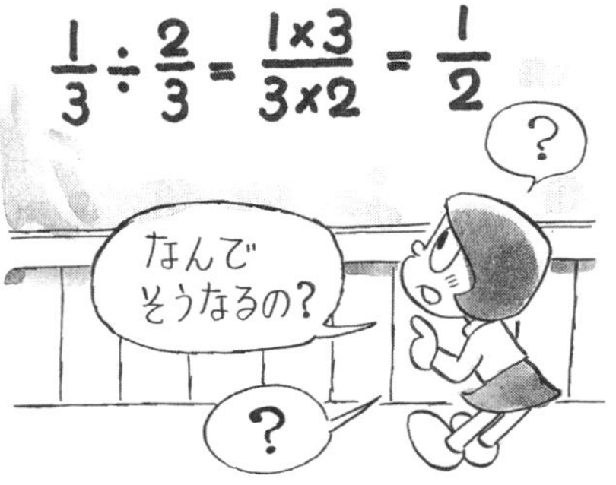

③ 広義の学力観に立つ

学力というと、受験学力が重要視されている。授業もテストにどれだけいい点数がとれるかが目標になっている。受験学力もむろん学力であるが、学力とは生きて働く力、自主自立の力、自他の幸福をつくりだす力である。そういうふところの広い多面的な学力観に立って子どもをとらえ、授業にとりくみ、それぞれの子どものもつ個性的な可能性を開花すべきだろう。

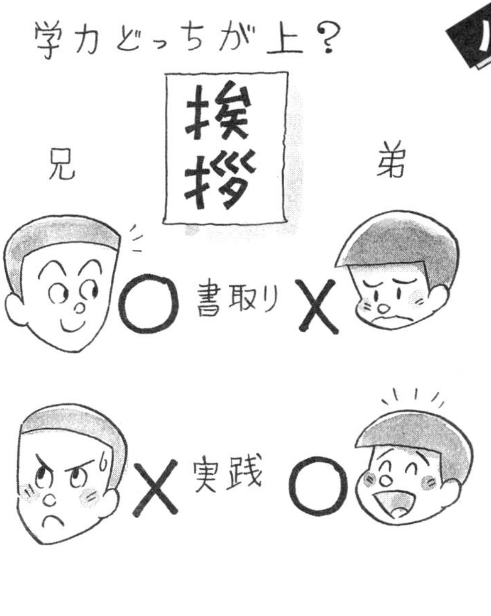

ノート

近くに兄弟がいた。兄は勉強ができる。「あいさつ」という漢字を書かせたら「挨拶」と書けるが、近所の人には挨拶したことはない。弟は勉強が苦手で、「挨拶」という漢字は書けないが、隣近所の人にはきちんと挨拶する。両方できればいうことはないが、現在の学校の成績でいえば、兄のほうが上になる。しかし、弟のように実際に挨拶できることも学力であることは理解しておきたい。

楽しい授業の3ポイント

ポイント

たとえば、食事でⓐおいしいものを食べる。ⓑおいしくものを食べる、このふたつがある。一字違いだが、雲泥の差がある。楽しい授業は、ⓑの場合と同じである。世の中に、楽しい授業があるわけではない。楽しくするから楽しいのである。では、どうすると楽しい授業になるのだろうか。

実践のアイデア

① 笑いがある授業

笑うことは楽しい。笑いは管理的授業からもっとも遠い感情で、笑いがあれば、楽しい授業になる。子どもたちが冗談を言わない教師を嫌うのは、笑いがないからである。笑わせるには、授業に関係した笑い話や冗談がいいのだが、多少こじつけでもいい。流行語や掛け言葉で応じてもよいだろう。上品なユーモアにこだわるより、少し通俗的でも、「笑いをとる」という発想が大切である。

笑いを とるのだ！
アッハッハッハッ
ゲラゲラゲラゲラ
ゲラゲラゲラゲラ
ウフフフ
ヘヘヘヘ

② 遊び心のある授業

１年生の算数の授業で「３＋１は」と質問し、拍手の数で答えさせる拍手算数といった学習ゲームをとりあげる。また、おもしろネーミングの採用。いい答えを言ったら「ヒット」正解には「ホームラン」とほめる。鉄棒の上手な子どもに「鉄棒名人」の称号をつける。また、○の上をつくる。三重丸に花飾りして茎と葉をつけ植木鉢に植え、蝶々を飛ばして、じょうろで水をかけてほめる。遊び心だ。

③ 変化のある授業

授業はいつも緊張の連続では集中はつくりだせない。子どもたちの集中性の高かった戦前でさえも、聞く・読む・話す・書くをくみあわせた授業の七変化が求められた。今日ならいっそうのこと、集中と弛緩、緊張と笑い、聴くと歌う、観ると描く、立つと座るといった変化のある授業が求められる。子どもがあきてきたなと感じたら、すぐに別の活動に切り替えるという柔軟性のある授業を心がけたい。

教師の顔７変化

ノート

英語の教師が授業にくるなり、沈痛の表情で「みなさん、とても悲しいお知らせがあります。今日の６時間目の授業は、突然、中止になり、生徒はただちに下校となります。以上、悲しいお知らせでした」。わたしたちは内心のうれしさを隠し、悲しそうな顔をして「残念だ、勉強したかったのに」とうなずいた。こういう教師と生徒が、ユーモアのあるパフォーマンスを交流できる授業が最高である。

楽しい授業は教師の話術から

ポイント

教師の指導力に話術は欠かせない。授業ではどうしても教師の話が中心になるので、話術を磨かなくてはならない。話術がうまく、子どもをあきさせないようになればいうことはないが、話術の基本は話し方と話の材料と構成にあるから、この３点を押さえて話すと、しだいに話じょうずになる。

①話し方＝生き生き元気に

生き生きした声と表情で授業をすすめる。子どもたちに嫌われる話し方は、声が小さい、抑揚やハリがなく暗い、表情に豊かさがない、弁解が多いなど。弁解ばかりしていると教師不信に陥らせる。生まれつき声の小さい教師は、手振り身振りで補う。ときどき、鏡を見て、眼を大きく見開き、微笑して、明るい表情の訓練をする。そうして、空元気でもいい。自信をもって授業にのぞむことだ。

② 話の材料＝脱線話

ときどき脱線すると、楽しい授業になる。思い出の授業といえば、教師の脱線話が多い。農夫に追いかけられて田圃《たんぼ》を逃げるうちに肥桶に落ちてしまったという脱線話はいまだに覚えている。脱線話をする教師は、子どもたちに人気があった。「おもしろい話をするからおもしろい先生だ」と、その人間性に親しみを感じたからである。授業にもコラム欄・漫画欄・笑話欄が必要なのである。

③ 生徒のレベルに下りる

授業のはじめの生徒の頭のなかは、まだ休み時間にある。にもかかわらず、教師がいきなり授業の中身に入っていっても、すぐにはついてこれない。そこで、生徒のレベルに下りてみる。たとえば、冬の日、「きょうは寒いな」と声をかけ、寒さに共感し、寒さを共有し、「寒さに負けずに勉強するか。では、かーっと身体が熱くなるような問題をだすぞ」と、自分の授業空間へと競り上げていく。

ノート

授業の楽しさは脱線話にある。脱線話こそ授業の楽しさの本領をなす話題。話の材料は「こわい話・エッチな話・臭い話」。雨の日などは怪談がいい。話術を磨くこともできる。また、自己開示する話題も受ける。１年生相手なら、自分の１年生時代の話をする。ただし、自慢話は反感を買うので、失敗談がいい。授業の内容は忘れても「あのときの先生の話は忘れられない」というようになる。

楽しい授業をつくる

出番を感じる9つの視点《1》

ポイント

授業への子どもたちの積極的な参加をつくりだすには、一人ひとりの子どもの出番を保障することである。毎時間は必要ないにしても、最低、１日に１回、すべての子どもに快い出番をつくるように心がけたい。では、授業での子どもにとっての快い出番とは何だろうか。そのベスト９をみる。

1 間違えずに答えた

授業中、教師が質問した。挙手した。指されて答えたら、正答だった。これだけで子どもは「やったあ」と満足感にひたれるのだが、さらに、その感を深めるのは、正答したときの教師の言葉である。「いいですね」「よく考えたね」「すごい」「ホームランだ」「授業を深める意見だった」「よく勉強しているね」という教師の短い評価の言葉である。そういう評語を意識的に用いるようにしたい。

② 正しく解いて丸をもらった

黒板に計算問題が出され、指名され、黒板に出て、その式を解くことになった。黒板に書くことなど、教師にはなんでもないことだが、衆目のなか、解いて書くわけで、子どもにとってはたいへんな重圧である。座っていて解けた式も、黒板でやると、解けなくなることもある。だから、解いて丸をもらったら、「やったぞ」と一日中、うれしくなる。そういう子どもの心理を理解しておきたい。

③ 模範例として評価された

図画工作の時間、描いている絵がみんなに範示され、「このように影をつけるといいね」。体育の時間、「山田君にボールを蹴ってもらうから、蹴り出しのところをよくみていなさい」。音楽の時間、「柴田君の声の出し方を見習いなさい」。家庭科の時間、「遠藤さんの包丁の使い方がみごとですね」。これらのように、模範例としてほめられるとき、子どもは有頂天の喜びを味わう。

ノート

子どもは授業が楽しくないと、自分流の楽しさをつくりだす。S君は教師や他の子どもの発言を野次ることで、授業の楽しさを味わっていた。「野次は弁論の華」として、その野次を受けとめ、人を傷つけない、寸言人を射るしゃれた野次を心がけるよう指導し、その野次に◎○×と評価した。だんだんと野次らなくなり、授業に集中するようになった。よく聞かないといい野次が出せないからだった。

楽しい授業をつくる

出番を感じる9つの視点
《2》

ポイント

授業中に、子どもたちが「やったあ」と、うれしくなること、授業に参加したという実感を味わえることとは、なんだろうか。意外に平凡なことである。教師からみても、「こんなささいなことで」と、驚くようなことに、子どもたちは「勉強したぞ」という満足感や喜びを感じているのである。

④「いいね」とほめられた

問題を解く。視写する。書き取りをする。絵を描く。折り紙を折るなどの作業中、教師が机間を歩いて指導しているとき、ふと立ち止まってのぞきこみ、「なかなかいいね」「きれいに書いているね」「早いなあ」と声をかけられ、ほめられたようなとき、とてもうれしい。机間指導中、全員に声をかけることはできないが、ふだん、目立たない子どもには、できるだけほめ言葉をかけるようにしたい。

⑤ 授業態度がほめられた

成績はなかなかよくならないのだが、いっしょうけんめい勉強する子どもがいる。授業態度がまじめな子どもである。「まじめだね」というような抽象的な言葉ではなく、「読むときの姿勢がとてもいい」「ていねいにノートを使っている」「忘れものしたことがないね」「先生の話をいつもきちんと聞いている」「大きな声で返事ができた」というように、具体的にほめることがコツ。

⑥ 宿題がほめられた

宿題はどう点検しているのだろうか。子どもたちはそれなりの時間をかけ、努力を払ってきたのだから、その労に報いることが指導のセオリーである。子どもの数も多く、時間もないので一括処理してしまいがちだが、ときに、一つひとつていねいに調べ「きれいにやってきたな」「たくさんやってきたな」「まとめ方がいいね」というようにほめると、その労が報われて、子どもの喜びも倍増する。

ノート

教師はこのことは教えたいというものをもって教えている。しかしながら、子どもたちのなかには、その水準に達しないものもいる。そのときに、「できない子ども」としないで、その子どもなりにできたことをほめてやり、次に、なににとりくむかを示してやると、子どもの学習意欲は高まる。やはり「ほめる」ことが、最良の学習意欲の引き出し方といえよう。ほめじょうずになることである。

楽しい授業をつくる

出番を感じる9つの視点 《3》

ポイント

子どもは授業のなかで、43分間わからなくても、たったの2分間の出番があり、その存在が認められたり、ほめられたりすれば、楽しい授業になる。運動会の徒競走に出番があれば、その日を夢見ながら、つまらない1年間の学校生活にも、よく耐えることができる、それが子どもというものである。

⑦ 答えあわせで正しく答えた

宿題の答えあわせ、問題の答えあわせをする。教師が答えを言ってあわせる場合もあるが、なるべく子どもたちに答えさせてあわせるといいだろう。正しく答えると、子どもたちがいっせいに「いいでーす」と唱和する。気持ちのいいものだ。子どもは教師から「あってます」といわれることもうれしいが、学級のみんなから「いいでーす」とほめられることのほうがずっとうれしいのである。

⑧ 前よりもよい点数をとった

前よりよくなったことが実感できるとうれしい。テストでも、前よりどれだけよくなったかを評価できるようにすると、子どものやる気は倍増する。点数を成績帳に記入するとき、前回の得点と比較できるから、テスト用紙のどこかに記号をきめておいて、◎（前回よりもよくなった）をつけてあげる。中学校なら very good と記してもよい。これだけで、子どもは「やったぞ」と励まされる。

⑨ 自分の作品が貼り出された

かつて、子どもたちの作品は、模範となるすぐれたものだけが展示された。展示された子どもは、「貼り出された」と大喜びした。この喜びを全員に味あわせようと、全員の子どもの作品を貼り出したり、展示したりするようになった。こうした悉皆《しつかい》展示は、ありがたみが薄れるような気がするが、そうではない。子どもは自分の作品が展覧・展示されることは、とてもうれしいことなのである。

ノート

教室に「やったあ」と喜べる展示は大いに推奨するが、逆に、「失敗した」という展示はすべきでない。たとえば、忘れもの表をつくり、忘れた子どもの名前のうえに×を累積していく。このような、失敗やつまずきの数を表示して罰を与え、自省を求め、他へのみせしめとするような方法はとるべきではない。毎日、その表を見るたび、暗い気持ちになり、不調感を抱いて下校することになる。

楽しい授業をつくる

勉強が苦手な子どもの意欲を引き出す

ポイント

子どもの出番は、すべての子どもにたいして平等に保証しなければならないが、勉強の苦手な子どもについては、とくに配慮をしたい。勉強のできない子どもを見捨てず、なんとか授業へ参加させていく努力を払うようにしたい。そのためには、どのような工夫が求められているのだろうか。

1 やさしい問題を出す

1時間の授業のなかで、勉強の苦手な子どもでも答えられるやさしい質問をする。すると、勉強の苦手な子どもも挙手できる。挙手は授業へ積極的に参加しようとする意欲の意思表示である。ただし、自由発言にすると、勉強のできる子どもが軽く答えてしまうので、挙手発言として、挙手した勉強の苦手な子どもに答えさせ、「よくできた」とほめ、学習意欲を引き出すようにする。

② 授業中、好ましい話題に名前をあげる

「進藤君が卵を３つもっていた。金山さんが１つもらった。では、進藤君の卵はいくつになったか」。進藤君、金山さんは学級の子どもの実名である。騒いでいた進藤君もとつぜん、自分の名前が出てきたので、びっくりして集中する。例題や例話や比喩に、むろん、好ましい話題にだが、自分の名前が上がると、なにか浮き浮きしてうれしくなる。こういう付加的な部分でも授業に引き付けていく。

③ 授業中、先生の手伝いをしてもらう

たとえば、授業中、先生の手伝いをして「ありがとう」といわれたことも、子どもにとっては１つの出番である。「Ｋ君、この用紙をみんなに配達してください。……サンキュウ」ということでも、子どもにとっては充実した授業参加たりうるのである。先生の手伝いは授業の付加的な部分だが、手伝うことに魅力を感じ、やがて丸ごと授業が好きになっていく例も多い。

ノート

堀井という国語の大嫌いな子どもがいた。国語の主語を探す例文に「堀井君はとてもスタイルがよく、走るのも早かった」という問題を出した。このように自分の名前が登場しただけで、堀井君にとってはすごくうれしいことであった。この答えを間違えるわけにはいかないとして勉強し出した。こんな授業への参加もある。ともかく、あの手この手で授業への参加を引き出すようにする。

コラム

★教科書のとらえ方★

教科書への態度には、大きく４つある。

　Ａ　教科書を教える。

　Ｂ　教科書で教える。

　Ｃ　教科書も教える。

　Ｄ　教科書は教えない。

Ａは、教科書どおりに授業をすすめる方法。Ｂは教科書を資料として活用する方法。ＣはＢをさらに発展させ、教師の教えたいことが教科書に載っていれば使うし、載っていなければ、自分で教材を用意する。ＤはＣのさらなる発展で、教科書は使わない。全部、自分で用意する。

さて、プロ教師としては、どうあるべきだろう。Ａは簡便な方法だが、どうしても子どもたちの状況、興味・関心・レベルを無視することになる。プロとしては、Ｄが理想だが、しかし、そのためには膨大な時間とエネルギーが必要である。せめて、Ｂ、Ｃができればりっぱなプロ教師と評価できよう。

それは、次の理由からである。

　１　教科書の教材は子どもたちの興味・関心から遠い。

　２　教科書の教材ではやさしすぎる。

　３　教科書の教材では難しすぎる。

　４　教科書の教材では、地域の実情にあわない。

　５　教科書の教材よりもっといい教材がある。

　６　教科書の教材・記述がおかしい。間違いがある。

こういう場合、教科書を用いず、別の教材を用いるからである。

教科書は絶対ではない。子どもたちの実情に合わないことや、ときに、間違えた記述もあるので、この６つの視点をもって教科書と向き合うようにしたいものである。

Ⅱ　授業のスケジュール

授業はカリキュラムにしたがってすすめるが、１年間の流れのなかで、避けてはとおれない節目となる課題がある。竹がすくすくと伸びるのは、節目があるからだ。

授業もまた節目となる課題にとりくむことで、生き生きした授業が可能になる。たとえば、テストは節目となる教育活動だが、その結果を的確に分析し、反省することで、日常の授業を活性化するというように。

では、１年間の授業に、どのような節目があるのだろうか。「授業びらき」から「授業じまい」まで、そのスケジュールを追いながら、どんな課題を節目としてとりくむかを検討してみた。

授業のスケジュール

授業びらき
——教師の話——

ポイント

新学期、最初の授業の時間に、オリエンテイションをおこなう。それが授業びらき。子どもたちは学年があがると、進級した喜びよりも「勉強がもっとむずかしくなる」「落ちこぼれないか」といった不安を感ずる。そこで、その不安をやわらげ、みんなで楽しく勉強しようとする意欲を引き出す。

① なぜ、勉強するのかを話す

自己紹介して、「いっしょに仲良く勉強しよう」と、これから１年間の授業についての基本方針を述べる。話は３項目。まず、なぜ、勉強するのか。たいへん理屈っぽい話題だが、子どもたちにわかりやすく説明する。たとえば「みんなはいろいろな夢をもっている。その夢を実現する力を身につけるため」「幸福な生活をおくるために必要な賢い力を身につけるため」というような話。

② 授業の方針を述べる

「こんなふうに授業をすすめたい」という方針。たとえば「先生はみんながわかる・できる楽しい授業をめざします」。この例は、落ちこぼしを出さない授業をめざす方針である。「みんなが自分の希望する進路にすすめるように、授業をとおして応援するつもりです」。この例は、しっかりした実力を身につけ、それぞれの希望が達成できる授業をめざすという、進路保証を約束する方針。

③ 子どもたちへの要求

楽しい授業をつくるために、子どもたちに協力を要請する。最初がかんじんだとばかりに「しっかり勉強しろ」と不安感・緊張感をあおらないようにする。「３つの『せん』」を要求する例がある。「授業中、『分かりません』『見えません』『聞こえません』の声をだしてください」。また、「教室は間違えるところだから、大いに間違えよう」と要求する実践もある。

ノート

授業びらきで、「家庭学習は毎日３時間」といった高い要求をすべきではない。「勉強ができない」「わからない」「よく間違える、よく失敗する」子どもに共感する内容にしたい。なお、その趣意を補強するため、「先生は子どものころ、こんな失敗をした」といった話を添えてもいいだろう。「小学校２年生のとき、『おおい』の反対語に『なんだい』と答えて、笑われたことがあったよ」。

授業のスケジュール

授業びらき
―子どもたちの話を聞く―

ポイント

授業びらきでは、教師の話のあと、今度は子どもたちの話を聞く。自己紹介や授業についての要望や意見を発表してもらう。用紙を配布して書いてもらってもいいだろう。教育はすべてそうだが、一方通行にならないようにする。いつも、教師←→子どもが相互に交流できるようにすすめる。

実践のアイデア

① 子どもたちの要望を聞く

「みんなは授業について『こうしてほしい』『ああしてほしい』という希望や意見があると思いますので、これから遠慮なく発表してください。要望のすべてをかなえることはできないかも知れませんが、できるだけみんなの要望や意見を大切にした授業をすすめるつもりです」。こうして出されたどんな意見も受容して受けとめる。なお、前の担任の批判会にならないよう注意してすすめる。

テストはやめてほしい
宿題は少なくしてね
おもしろい話もしてね
ベルがなったら終わってね
黒板にあまりたくさん書かないでね

② 子どもたちの要望に答える

子どもたちの発表が終わったら「いろんな希望や意見をありがとう。できるだけ、みんなの要望にそって、楽しい授業をすすめるよう先生も努力します」と述べ、主たる意見や要望には即答する。即答できないことは「考えさせてほしい」と引きとる。また、書かせたときには、次の授業のときに、「こんな意見が出されました」と子どもたちに知らせ、同じようにまとめる。

③ 持ち上がりクラスの授業びらき

「今年度の勉強の方針発表会」を開く。前日に計画を発表し、各自、準備させておく。教師の方針発表の後、順番に自分の方針を発表。方針は３つくらい。「ⓐもっと発表する。ⓑ苦手な音楽にとりくむ。ⓒ毎日勉強する」。１人が発表した後、教師はすぐに「とてもいい方針だね。とくにⓐの方針がよかった。この方針でとりくめばもっと伸びる。今年は期待できるな」とコメントして励ます。

ノート

授業びらきでは、最後にクイズなどで遊ぶと親密感が増して、楽しい雰囲気になるだろう。学習クイズのようなまじめな問題だけでなく、とんちクイズや「えっ」とびっくりするような問題など、だれにでも答えられるようなクイズがいい。とくに、笑えるようなクイズがいいだろう。「木偏のつく漢字集め」をやって、最初から「学力差」を感じさせるようなクイズはしないことだ。

授業のスケジュール

テストの方法 1

ポイント

自分の教え方を反省したり、子どもたちの学力を評価するためのテストは、授業には欠かせない。テストのない授業は理想だが、その理想への道程では、まだまだテストは避けられない。では、どのようにすれば、テストの弊害を緩和して、子どもたちの力を育てるテストができるのだろうか。

① 予告テストがよい

テストには「予告テスト」と「不意テスト」がある。小学校の低学年では、練習問題がそのままテストにもなっていることがあるが、中学校になると、「中間テスト」や「期末テスト」というように、はっきりとテストをするという場合、「予告テスト」を取り入れるようにする。このことによって、近い見通しに向かってとりくむ能力を養うことができる。

② なにを予告するか

予告テストでは、なにをどう予告するのかが大切である。「来週の月曜日、社会のテストをやります」だけでは不十分である。次の５点を知らせる。ⓐなんのテストをするか。ⓑいつテストするか。ⓒテスト範囲はどこか。ⓓどんな内容のテスト問題か。『奈良・平安時代。仏教の伝来・聖徳太子・貴族の生活・文化・人々の暮らし」などというように。ⓔどういう勉強をするとよいか。

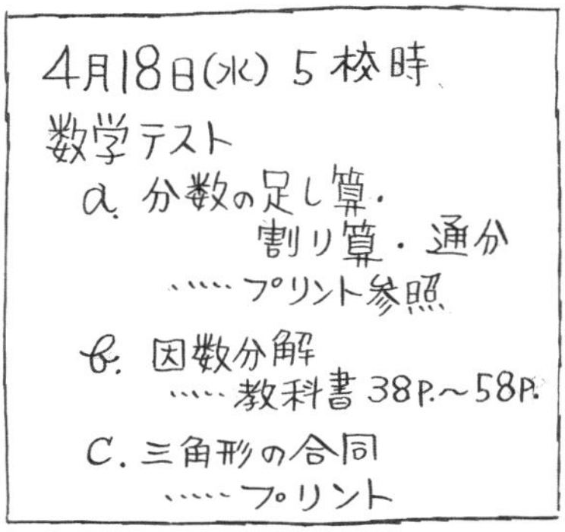
4月18日(水) 5校時
数学テスト
a. 分数の足し算・割り算・通分
……プリント参照
b. 因数分解
……教科書38P.～58P.
c. 三角形の合同
……プリント

③ 勉強させることが目的

テストには、学習のまとめとして、集中して覚えさせるという目的もある。したがって、ばくぜんとテスト範囲を示すのではなく、「どういう勉強をするとよい点がとれるか」を具体的に知らせる。「範囲内の教科書の新出漢字・難語句・万葉集短歌・『渡り鳥』の読解問題、文法プリントの用言など」というように示すと、出題傾向がわかるので、テスト勉強の方針を立てやすくなる。

テストの傾向

ノート

「テストがあるけど、なにをどう勉強していいかわからない」ということのないようにする。不親切なテスト予告は、子どもたちの学習意欲や向上心、授業への集中力をそぐことになる。テスト放棄をさせてはならない。よくある例だが、テストによく似た問題をプリントにして配布し、「このなかから、よく似た問題を出します」としてすすめるという、そのくらいの親切さがほしい。

授業のスケジュール

テストの方法 2

ポイント

日ごろ、授業・宿題・朝自習などに業者の問題集を使用していても、成績評定・学力測定を目的としたテストには、教師自らが作成した問題を使うようにしたい。また、ペーパー・テストだけで評価せずに、実技・レポート・発表なども含めた多面的な視点から、激励的に評価するようにしたい。

1 実技テストも予告する

たとえば、音楽のリコーダーのテスト、体育の鉄棒・跳び箱のテストなど、予告テストにする。「2週間後に実施」くらいの少し長い期間をおくといいだろう。苦手な子どもたちが充分にとりくめる期間を保障するためである。その期間、できない子どもはできるように練習し、まわりの友だちは助けてやるよう励ます。教師が特訓してもよい。要は、全員ができるようになればいいのである。

② 0点の出ないテスト

テスト問題は「各問の正答率が50％になること。得点が100点から０点まで、正常分布曲線を描くこと」、そう作成しろといわれるが、これは標準学力測定のような場合で、ふつうのテストでは、次の４点が満たされれば充分である。ⓐ０点が出ない。ⓑ真面目に授業に集中していれば高得点がとれる。ⓒテスト勉強すれば、さらに高得点がとれる。ⓓテスト時間と問題量が適切である。

③ テストを返すとき

テストを返すとき、前のテストと比較して励ます。前よりもよくなった場合「よかったね。伸びたね」。前より悪かった場合「残念だったね。少し下がっね。書き取りの勉強がたりなかったね。今度、がんばろうね。きみはやればできるんだから」。前と同じだったら「足踏みしたね。もうちょっとのところだったのに。落ち着いて問題を読めばよかったんだ。次に期待してるよ」と、言葉をかける。

ノート

前のテストより大きく落ち込んだ子どもは、そっと呼んで話を聞き、その原因を分析し、その要因を取り除くための個別指導をすすめなくてはならないだろう。テストの点は、子どもの生活現実をきびしく反映しているからだ。テストの点が大きく落ち込んだのは、その子どもの生活環境に大きな変化がおこったからだとみる。ここでは、学びの指導より、癒しのカウンセリングが求められよう。

授業参観

ポイント

授業参観は避けては通れない定番行事である。どの教科を選ぶか。子ども本位に考える。というのは、子どもには得意・不得意があるから、特定の教科に偏ると、その教科が苦手な子どもにとって授業参観は楽しくなくなるからだ。年間計画を立て、教科（学級活動・道徳の時間を含め）選びをする。

①授業参観のための準備

準備するものは、ⓐ簡単な授業案。本日の学習活動の授業案。ⓑ座席表。子どもたちの顔と名前を覚えてもらう。なおⓐ、ⓑでＢ４判１枚に印刷する。ⓒ教材。子どもと同じもの。教科書なら隣の学級から借りてくる。これらを当日、教室の入り口において、参加者に渡す。学級役員に配ってもらってもいい。こうした資料は授業を見やすくし、参加感を強め、参観後の話題をにぎやかにする。

② 子どもの活躍をみせる

授業参観にきた保護者の多くは「うちの子どもはのんびりしている。ついていかれるかどうか心配」など不安をもっている。そこで、その子どもの活躍をみせる。保護者の前で、間違ったり、答えられないで立ち往生させたりしてはならない。かっこいい出番をつくるように気を配る。ひいきではない。せっかく授業参観に来てくれたのだから、せめて、そのくらいのサービスはあたりまえだと考える。

③「みせる」から「参加する」授業へ

「みせる授業」から「参加する授業」も実践してみたい。たとえば、音楽ではいっしょに歌ってもらう。図画工作では、父母にもモデルになってもらい、父母もまた絵筆をとってスケッチする。体育の授業では、リレーの勉強をしたあと、父母・先生チームつくって、子どもたちチームと対抗戦をしてみる。家庭科ではいっしょに料理をつくるなど、工夫しだいでいろいろ楽しめる。

ノート

授業参観に成功するコツは、見ている保護者にもよくわかる授業をすることだ。授業参観で父母の不評をかうのは「参観している父母にもわからない混乱した授業」である。見ている保護者が、先生が教えようとする内容が抵抗なくスウッと頭に入っていくような、そんな授業を心がける。これは、研究授業のセオリーでもある。他教科の教師が見ていてもよくわかる授業を心がけると成功する。

授業のスケジュール

宿題

ポイント

宿題を出すか、出さないか、いろいろな意見があるが、学習習慣や基礎的な学力を身につけるため、また、子どもたちの知的好奇心を刺激したり、磨いたりするような場合、宿題は必要だろう。しかし、「宿題だよ」というと、「えーっ」と拒否反応の声が出ないような宿題を出したいものだ。

① 宿題の出し方

ⓐ保護者が援助しないとできない宿題は出さない。ⓑ父母の一部にある高い教育要求に引きずられないようにする。ⓒむずかしい問題からやさしい問題までを含むようにして出す。ⓓ学齢に応じた分量を出す。ⓔ提出期日も無理なく設定する。ⓕドリルだけでなく、楽しい宿題も出す。ⓖ宿題についての「提出期日を延ばして」というような、子どもたちの要求はよく聞いてあげる。

楽しい宿題

② 事後指導のポイント

宿題を出したら、ⓐ必ずやってきたかどうか、間をおかずにすばやく調べ、その努力を認め、提出された答案や作品は必ず評価すること。ⓑそのなかで、学習の仕方について助言する。宿題をみると、学習の仕方を知ることができる。もっと効果的な方法があれば、その方法を助言したり、さらに、調査・研究を深める資料を紹介する。学習方法について対話する絶好の機会とみる。

③ 評価の方法

宿題は必ず評価する。ⓐ授業のなかで採点する。「宿題をやってきた人、ノートを持って並びなさい」と見て○×をつける。ⓑ答え合わせする。教師が答えを言うか、生徒に答えさせて採点するか。ⓒ宿題を集めて採点して返す。ⓓ各自に採点させる。自己採点法というが、正答を掲示・配布する。ⓔ範例をあげて評価する。諸方法があるが、多忙さを招かないよう、工夫するとよいだろう。

ノート

小学校４年生のとき、先生が計算100題の宿題を出した。「えっ」とびっくりすると、先生は「10題以上いくつでもいいから好きなだけやってこい」と言った。こうすると、計算の苦手な子どもは10題、得意な子どもは全問というように、やれる範囲でやることができる。しかし、子どもはかえってがんばって、いつもより多めにやってきた。全問やった子どももいた。先生の作戦勝ちだった。

授業のスケジュール

学習行事

ポイント

学校にはいろいろな行事があるが、それらはすべて教科と関係する学習行事である。運動会は体育授業を総合化した学校規模のイヴェントである。学習行事は、授業を豊かにし、教科の力を伸ばすだけでなく、子どもたちの授業への主体的な参加を引き出し、自主能力をも育てるすぐれた活動である。

① 教科ごとの学習行事

すでに、学校では学習発表会・朗読大会・主張の会・スケッチ大会・マラソン大会・英語弁論大会・合唱コンクール・作品展など開かれている。そうした活動とぶつからないように、社会科＝農家の人から米づくりの話を聞く。音楽＝カラオケ大会を開く。家庭科＝いも煮会を開く。総合＝環境問題をテーマの手作りのカルタ大会を開くなど、楽しく実施すると、授業の活性化に役立てることができる。

② 学習行事のすすめかた

学習行事は、授業のなかの活動が主たる種目であるが、ほかに、ⓐ競技会。隣の学級とサッカー試合をする。ⓑ発表会。たとえば、放課後、教室で器楽演奏会を開き、他の学級の人たちにも鑑賞してもらう。あるいは、学級ＰＴＡの日に、家庭科や図画工作科の作品を展示して保護者に見てもらう。ⓒ総合的・合科的なボランティア活動。音楽・寸劇や群読などをもって、福祉施設を慰問する。

③ 技能・表現力と自主性を育てる

学習行事をすすめるうえで、次の２点に留意したい。ⓐ今日の授業はテスト主義の影響を受け、技能・表現活動の得意な子どもたちの活躍する場面は少ない。そこで、学習行事では、なるべく技能・表現力を引き出すように計画する。ⓑ時間的余裕をもって設定し、子どもたちの手でとりくむようにする。その過程が、子どもたちの交わりや協力しあう力を育てるからである。

ノート

たとえば、英語の場合、朗読・弁論・演劇という技能・表現の力を引き出す学習行事を実施することで、翻訳や読解が苦手という子どもの出番をつくることができる。したがって、英単語暗記大会・漢字書き取り競争・計算大会・歴史年号早覚え競争というような、暗記力や受験学力競争を煽るような学習行事は実施しないことだ。受験学力に対抗する力を引き出すような学習行事を実践する。

授業のスケジュール

研究授業

ポイント

教育実践に授業研究は欠かせない。授業研究には、いろいろな内容があるが、その中心は研究授業である。だれかが研究的に授業をおこない、他の教師たちがその授業を見て研究をする会である。教科内で実施することもあれば、学年・全校、ときに、外部に公開して実施することもある。

① いやだけどやったほうがいい

研究授業はだれもがいやなせいか、順番制が多い。しかし、機会があれば、積極的に引き受け、すすんで実施するようにしたい。なぜか。そうすることが教師としての力を育てるからである。研究授業は、計画したことの半分もできない。終わって挫折感に襲われ、みじめになる。しかし、とくに、若いうちは「授業がへた」で当然なのだから、居直って、すすんで引き受けることだ。

② 研究授業のメリット

研究授業を引き受けると、指導案を考え、教材研究をすすめる。じつは、その研究が教師の力を育てるし、利益をもたらす。ⓐ研究した力はふだんの授業にはねかえって授業の質を高めていく。ⓑこの教材研究の校内第一人者になれる。とくにⓑは、研究授業をするとき、「自分ほど、この教材研究を深めたものはいないんだ」という、自信をもってのぞめる「おまじない」にもなる。

③ 実のある批評会

授業研究のあとの批評会は、あまり意見が出ない。人間関係の摩擦や「できもしないくせに」と、叩かれることを恐れるからだ。そこで「自分はできないことでも、こうするとよいと思うことは遠慮なく言おう」と、こう約束してすすめたら、少しずつ、実のある批評会になったことがある。本音批評は、そのときは打撃を受けるが、自分をふりかえると、そのおかげで力がつくことが多かった。

ノート

研究授業で、教師はあがるが、子どもたちもあがるので、ふだんの力が出せないことが多い。発表力のあるクラスなのにぜんぜん手が挙がらなかったこともある。そうならないように、あらかじめ子どもたちに「研究授業がある。いろいろな先生方が見にくるが、先生を見にくるので、きみたちを見にくるのではないから、きみたちはふだんのとおりにやればいいんだ」と言っておくとよいだろう。

授業のスケジュール

教科通信

ポイント

これまで、教科通信は、学習活動の補助・拡充の目的をもって発行されてきたといえる。ところが、近年、学習に身の入らない生徒がふえ、授業への集中性に欠け、授業不成立に悩む事態が広がってきている。そんな状況を克服するひとつの実践として、教科通信がクローズアップされてきた。

① 発行対象

発行対象からみると、次の４種に教科通信は分類される。

ⓐ授業を担当している生徒に向けて発行される（中・高校向け）。

ⓑ父母を対象に発行される（小学校向け）。

ⓒ父母・生徒の両者を対象に発行される（小・中学校向け）。

ⓓ教師を対象に発行される（中・高校・サークル向け）。

このなかで、もっとも広く発行されている通信はⓐである。

② 学習活動の主体化めざす通信

生徒向けの教科通信には大きく、学習活動型・教材資料型・ワーク型がある。ⓐ学習活動の活性化のための情報紙。ⓑ自主教材や補助教材・資料などで編集。ⓒドリルや練習問題など、ワークブックとして編集し、それを使って授業をすすめる。このなかでは、ⓐがもっとも多い。教科通信というと、このタイプをさしているが、型にこだわらずⓑ、ⓒも加味して発行するとよいだろう。

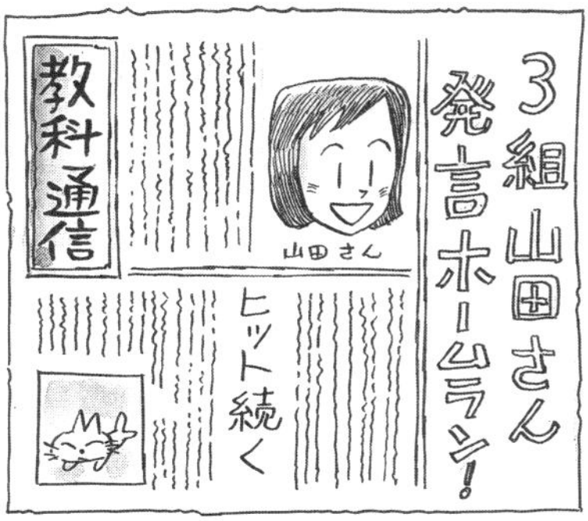

③ 編集方針

日々の授業での生徒の活躍を紹介・評価し、その活動を励ましながら、あすの授業に挑戦する主体的な力を引き出すような紙面づくりに心がける。同時に、教科担任はいくつかのクラスを担任しているから、各クラスの授業へのとりくみや授業中の発言や解釈や意見を紹介すると、クラスを越えた大勢で教材を追及し、学ぶ生徒集団の連帯を育てることができる。テスト対策情報紙にはしないことだ。

ノート

教科通信の記事のなかで、とくに、教師の思いや願いを語る記事は重要である。学校が荒れていて、教師の言葉が通じない状態のなかでも、紙面をとおして教師の思いや願いを伝えることができるからである。今の生徒は、なぜかプリントに敏感で、教科通信を配布すると、一瞬、紙面に集中する。その意味で、教科通信は、生徒との授業をめぐる合意形成に大きな力を発揮している。

授業のスケジュール

教科個人面接

ポイント

教科指導のなかで、できるだけ個人指導をすすめたい。授業態度が悪い生徒を呼んで説教をするだけでなく、生徒全員に対して実施すべきだろう。しかし、なかなか時間がとれないので、学期の最後の授業は、教科個人面接の時間にあてることをすすめたい。それが教科個人面接である。

① 事前準備

生徒一人ひとりと面接して指導するとなると、時間がかかるように思えるが、ひとり１分くらいの短時間で面接し、１時限で終了する方法。まず、生徒に準備させる。学期最後の授業の前時に書き込み用紙を配布する。「まとめと決意」と題して「ⓐ今学期の授業のまとめ　ⓑ学期の成績予想　ⓒ来学期の決意　ⓓ先生への要望」について短い言葉で書かせる。これは宿題としておく。

② ある生徒のまとめ

学期最後の授業時間、個人面接をはじめる。全員に課題を与えて作業させる。出席簿順に教卓に呼んで、書いてきた「まとめと決意」を提出させ、すばやく目をとおす。ある生徒は「ⓐ授業中は集中できたが、ときどき私語して注意された。宿題や忘れものもなかった。テストはよくなかった。勉強不足。ⓑ《３》ⓒ私語に注意し、授業態度をよくする。ⓓとくになし」と書いてきた。

③ 教師のコメント

教師は読みながらコメントする。「最初に、数学係として活躍して、先生はとても感謝しています。さて、反省よし。決意よし。成績の予想もあたっているね。私語をやめるという決意がいいね。授業態度がよくなると、学力も倍増するから。決意どおりにやれば２学期はかならずよくなります。それから、テストで早読みしない。落ち着いて問題を読むといいね」と具体的に改善点を指摘して励ます。

ノート

教科個人面接は、短い時間だが、最後に「なにか先生に言いたいこと、聞きたいことありますか」と聞く。「とくにありません」「なければ終わります。きみはやればできる力があります。２学期には大いに励んでください。期待しています」こう励まして終わる。２学期の最後にも実施する。授業が１時間分、損するように思えるが、来学期の授業態度ががらっと変わるので、損は充分取り戻せる。

授業のスケジュール

授業じまい

ポイント

「授業じまい」とは聞きなれない言葉だが、学年最後の授業時間に実施する「授業のまとめの会」のこと。「今年度の最後の授業です」ではなんとなく尻つぼみの感は免れない。「授業びらき」ではじまったのだから、「授業じまい」でしめくくり、子どもたちとともに印象深く、最後の授業を記念する。

① この会のねらい

ⓐ１年間の授業をふりかえり、楽しかった授業、苦しかった授業を思い出しながら、どんな力が身についたかをまとめる。ⓑ来年度、新しい学年に進級したら、どのように授業にとりくむか、その決意を新たにする。いろいろなやり方があるが、反省会のように悪かったことばかり述べあう、ザンゲの会にならないようにする。新しい出発の会というような、前向きなイヴェントととらえる。

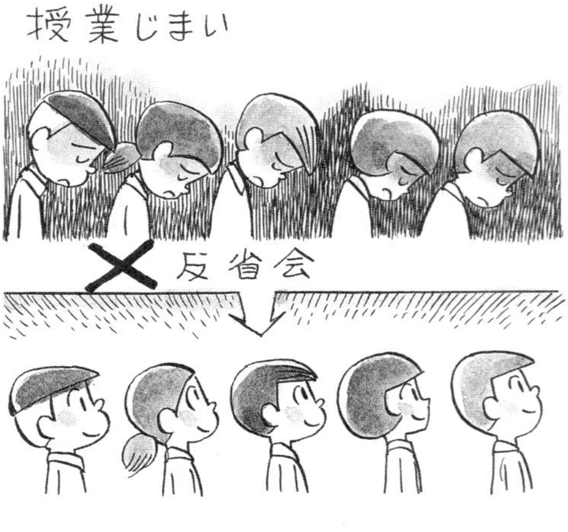

② プログラム

あらかじめ、係で計画し、準備しておく。なお、時間をとる余裕のない場合には、<学級じまい>のなかに含めて実施する。ⓐ開会の言葉　ⓑ学級の歌　ⓒ楽しかった、苦しかった、あの授業！　今年度の授業をふりかえって「授業の思い出ベスト５」の発表　ⓓ進級したら、こうやるぞ！　来年度のわたしの方針　ⓔ先生の言葉　ⓕ閉会の言葉。こんな内容ですすめるとよいだろう。

③ ある小学校の学級のベスト５

「ベスト５」の発表、これは受けた。①「跳び箱150段に挑戦、成功！」体育／全員の段数合計が152段！　②「全員100点運動、ついに達成！」算数／計算テストにとりくむ　③「ハプニング続出！」理科／飼育の大失敗と大成功　④「食べた！　食べた！」家庭／カレー大会、大成功！　⑤「涙の反省会！」道徳／みんなで泣きました。発表しながら、当事者がそれぞれコメントを述べる。

ノート

しめくくりは、教師のことば。とくに大切な視点は、みんなで学ぶ授業の大切さを押さえること。授業はひとり勉強と違って、仲間とともに智恵を出しあい、協力しあって学ぶことに意義がある。授業は、だから、みんなの力でつくるものなのだと、そんな話を枕にして、自らの授業の総括、来年度の授業についての決意を述べ、最後に、「みんな一生懸命勉強してくれて、ありがとう」。

コラム

★教科書の開き方を教える★

授業では、折りに触れて学習用具の使い方を教えるようにしたい。たとえば、新しい教科書の下ろし方がある。「下ろし方」とは、「新しくそれをする」意味で、新しいものの使いはじめ方をいう。

真新しい教科書をどう使いはじめるかということである。本はページを繰《く》って読んでいくので、最初に、本に、繰られることになじませる作業をする。どのページを開いても、開いたままの状態で安定し、元へ戻らないようになじませるのである。この作業を怠って読むと、読みづらいだけでなく、本にゆがみが生ずる。

では、どう下ろし方を教えるか。その手順は次のとおり。

1　教科書を表紙を上にして机の上に置く。

2　表紙を開く。平面になるまで開く。

3　開いた折り目（「のど」という）に、右手中指を少し強くあて、たなごころで全体を押さえながら、上から下へ滑らせる。手を離しても、表紙が跳ねて閉じなくなるまで押してなじませる。

4　元へ戻し、裏表紙を開いて、3と同じことをする。

5　元へ戻し、今度は本の真ん中あたりを開く。先と同じようにしてなじませる。

6　元へ戻し、今度は全体の四分の一、四分の三、以下、八分の一、八分の三、八分の五、八分の七頁くらいのところを開いては、先と同じようになじませていく。

8　こうして、どこのページを開いても、跳ね返って閉じることなく、開いたままの状態で安定するまでなじませる。

以上が新しい本の下ろし方、使いはじめ方である。

授業びらきのなかで、とくに新入生には、この手順で教科書の扱い方の講習会を開くと、それだけで楽しい授業びらきにすることができる。

Ⅲ　子どもたちといっしょに授業をつくる

　授業は教師と子どもたちとでつくる活動である。そのことから、子どもたちが授業にどのように参加するか、その具体的なすじみちを用意し、積極的に授業にとりくむように育てなくてはならない。そのためには、子どもたちが授業に主体的にとりくめるように組織する必要がある。
　その指導内容が「授業のルール」「教科係の活動」「学習グループの活動」で、これらの活動をとおして、子どもたち自身が、わかる・できることをめざして、とりくむことになる。

授業のルール
―なぜ、必要なのか―

ポイント

授業には、教師と生徒とのあいだにかわす約束事、ルールが必要である。子どもたち全員が、授業に主体的に参加する条件を整えるためである。ただし、授業のルールは、教科の論理、教師の個性によって異なるので、むりに、学年や全校で統一したルールをつくって、管理的に押しつけてはならない。

① 授業の効率を高める

「先生が両手をポンと叩いたら話し合いをやめて集中する」といったように、合図をきめておくと、「話し合いをやめなさい。こちらに集中してください」などといちいち言わないですむ。授業の経済性というが、「こういうときにはこうする」と、あらかじめルールをきめておくと、教師の簡潔な言葉や動作によって、テンポよく授業を進行させることができる。

② 授業の規律が確立する

授業には、「教師の説明中、私語しない」「わからないときはわからないという」「どんな意見も大切に受けとめる」というように、全員の学習を保証する規律が必要である。この規律がくずれると、授業が成立しなくなる。授業のルールはこの規律を保証する約束になる。このルールが徹底すると、たとえば、間違った意見を嘲笑することもなくなり、どんな意見も大切にする授業が成立する。

③ 先の読める授業になる

授業には型がある。たとえば、算数の計算の授業では、例題をとりあげて解き方を教える。練習問題を与えて解かせる。答えあわせをする。こうすすむということがわかっていると、今、やっている次には、なにをするかがわかるから、安心してとりくめる。これが先の読める授業で、先が見えれば、ときに、一歩、先にすすむこともでき、余裕をもって、主体的に授業にのぞむようになる。

ノート

子ども時代、教師が学級のなかに「博士」「大博士」をおいた。授業の最初に漢字の熟語を３問だす。読みの答えを求めるが、だれも答えられないと、教師が「博士」と声をかける。博士が答える。ところが、博士が答えられないと「大博士」と声がかかる。子どもたちは博士になりたくて、大いに漢字の勉強にいそしんだ。そういう楽しいルールをつくって、学習へのモチベイションを高めたいものだ。

子どもたちといっしょに授業をつくる

授業のルール
―どんなルールが必要か―
❶

ポイント

授業のなかで、このことは、あらかじめルールをつくって、子どもたちと合意しておいたほうがいいということがある。およそ、授業に必要なルールは12項目くらいある。そのなかから、必要な項目を選んで、ルールをつくるとよいだろう。実際にどんなルールをつくるのかは、個性があってよい。

❶ はじめと終わりの挨拶

授業のはじめと終わりに教師と子どもたちとが挨拶するが、その挨拶についてルールをきめておく。挨拶を省いて、いきなり授業に入る西欧方式の教師もいる。号令する場合、だれがかけるのか。号令の言葉は？　「礼」のとき「お願いします」「ありがとうございました」と言うのか、言わないのか。全員が集中し、そろわないと「やりなおし」させるのか、どうか。ルールをきめておく。

② 授業のはじめの準備の仕方

どう準備して授業を待つか。席について待つ。学習用具を机上に出して待つ。これは基本的なルール。そのうえに、活動しながら待つというようにきめておく。その活動は教科によって、単元によってちがう。体育の時間でも、体操して待つか、ランニングしながら待つか、その日の授業によって異なる。その判断ができるように子どもたちを育てておく（「教科係の仕事」参照）。

③ 道具や宿題を忘れたとき

子どもは道具や宿題を忘れる。忘れものをしたとき、どうするか、ルールをきめておく。ルールをきめておくと、ルールにしたがって対応させると、教師の感情が抑制され、子どもは感情の乱れに翻弄されなくなる。ただし、管理的な罰のルールをつくってはいけない。「忘れものレンタル会社」をつくって貸し出すというような、なにかおもしろいとりくみを考えたい。

ノート

ルールには教育思想がある。授業のはじめの挨拶は、ⓐ教える者と学ぶ者との相互平等の挨拶か。ⓑ教えていただく教師への敬礼とそれへの返礼か。このとらえ方によって、挨拶が変わってくる。ⓐなら、双方で「お願いします」と挨拶するが、ⓑなら、子どもたちだけが「お願いします」と挨拶する。また、ⓑの場合、子どもたちがきちんと敬礼したことを確認して、教師が会釈することになる。

子どもたちといっしょに授業をつくる

授業のルール
—どんなルールが必要か—
❷

ポイント

教師はそれぞれ自分の授業のすすめ方についてのルールをもっている。国語の授業で、最初に教材を教師が範読する例。一方、子どもたちに読ませる例。後者でも、読みたい子どもに読ませる、順番に読ませるとにわかれる。自分の授業を円滑にすすめるために、授業のルールがつくられる。

④ 予習・復習の仕方

予習・復習を含めた家庭学習についてのルールをきめておく。効率のよい授業を成立させると同時に、先の読める学習活動となり、自学自習の力を育てることができる。たとえば、英語の予習は、新出単語の意味を調べてくるようにすると、授業中、辞書を引く作業時間が軽減される。復習には新出単語の単語カードをつくるようにすると、自学のための教材づくりに役立つことになる。

⑤ 教材への書き込み記号のルール

朝焼小焼だ
大漁だ＜
大羽いわしの
大漁だ

教材へのアンダーラインの引き方についてのルールをきめておく。重要文に「そこ、アンダーライン」と指示すると、赤鉛筆で棒線を引くというようにきめておく。国語の教材を読むとき、「ゆっくり読む」「声を大きくして読む」「強く読む」という指定も、たとえば「ゆっくり読む」文には波線を引く。「間をおく」ところには、“＜”を挿入するなど傍線種や記号をきめておく。

⑥ ノートの使い方

ノートはどう使うか。いろいろな使い方がある。横書きか、縦書きか。最初の１ページは空ページにするのか。あるいは、奇数ページは、自分で調べたことを書く。偶数ページは、授業中に使うページで、板書を写すページにする。このように、ノートの使い方をきめておき、ときどき、ノート調べをして、上手にノートを活用しているかどうか、指導するとよいだろう。

タイトル
○ことばの意味
○学習の手引き
1
2

ノート

生徒の使ったノートに、じつにきれいにまとめられた芸術品のような作品がある。そのノートを卒業生からもらっておいて、次年度の授業びらきに在校生にみせた教師がいた。生徒は驚嘆してノートに見入り、この先生のもとで学習すると、このようなノートがつくれるまでに成長できるのかと、教師への尊敬と授業への意欲がいっそう高まったという実践がある。美しいノートには、そんな力がある。

子どもたちといっしょに授業をつくる

授業のルール
—どんなルールが必要か—
③

ポイント

ルールは指導のために必要である。提出物を集めるとき、教科係に名簿に記入させるルールは、まだ、だれが出さないかを確認し、提出するようにはたらきかけるためである。ルールは、守れない子どもに、教師の暖かい視線を注ぎ、その子どもの抱えている問題を解決するためにこそ必要なのである。

実践のアイデア

⑦ 板書の写し方

板書はいつノートに書き写すかのルール。低学年の場合、板書を写す時間をとるとよいだろう。写すことに夢中になって授業についていかれないことのないようにするためである。そのうえで、しだいに授業に参加しながら板書を写すことができるようにしていく。また、板書を写すとき、一字一句写すのか、重要な事項だけ写すのか、その判断もできるように、「写さなくていい」印をきめておく。

写しなさい
鈴と小鳥と
それから私
みんなちがって
みんないい。

⑧ 宿題や提出物の出し方

宿題はやってきたかどうかを、どう調べるのか。忘れるとどうするのか。また、提出物はいつ、どのようにして提出するのか。教科係が集めるのか。それとも指定場所に置くのか。名簿順に並んで提出するのか。名簿に記帳するのかどうか。そのようなルールをきめ、きちんと集めると、忘れものも減ってくる。だらしのない集め方をすると、忘れものも増えていく。

⑨ 答え方や意見・感想の述べ方

教師の発問にどう答えるか。自由発言か、挙手発言か。併用している場合、なにによって自由・挙手発言かを見分けるのか。勉強のできる子どもが自由発言して正答を述べてしまうと、授業が深まらないこともおこってくる。また、「反対」「賛成」「修正」「補足」意見の出し方。「今の意見につけ足します」と結論を言ってから理由を述べるというように、ルールをきめておく。

ノート

授業のルールには教師が勝手につくった罰の規則が多い。たとえば、忘れものするとみんなの前で歌を歌う。こんな罰を与えるから音楽の時間、声を出さなくなる。「歌おう」というと「ぼくたち、悪いことなんかしていないよ」となる。歌うたびに罰を受けている感じになる。こんな罰則のルールは採用してはならない。教師と子どもとの関係を最悪なものにし、授業不成立の原因をつくることになる。

子どもたちといっしょに授業をつくる

授業のルール
—どんなルールが必要か—
❹

ポイント

授業のルールで多いのは、「授業中、私語しない」「教師の話を聞くときは、顔を向けて聞く」こういう規則である。たしかにルールだが、こんな管理的な規則は前面に出さないことだ。話し合いの仕方のルールをつくって、話し合いがうまくいけば、しぜんに私語がやむようになると考える。

実践のアイデア

⑩ グループの話し合いの仕方

学級全体での話し合いは、教師が直接指導できるが、グループごとの話し合いは巡回してしか指導できない。このように、教師の眼のとどかない活動については、ルールをきめておく必要がある。「グループ内で話し合い」「グループの全員が意見をもつための話し合い」「グループとしての意見をまとめる話し合い」など、その目的に応じて、どのように話し合うか、そのルールをきめておく。

話し合い方
1. 話し合うことを確認する。
2. 意見をもてたか確認する。
3. 全員意見をもてた。もてないものがいた。
終了
4. ヒントを出す。

⑪ テストの仕方・成績のつけ方

テストはどう実施するか。不意か予告か。いつ実施するか。また、通信簿の成績はどういう材料をもとにつけるのか。そのルールを知らせておく。これらは生徒にとってもっとも関心の深い話題で、そのルールは生徒たちに公開しておかなくてはならない。たとえば、通信簿は、テスト、授業態度、提出物などを勘案してつけるというように。このことは保護者にも連絡しておく。

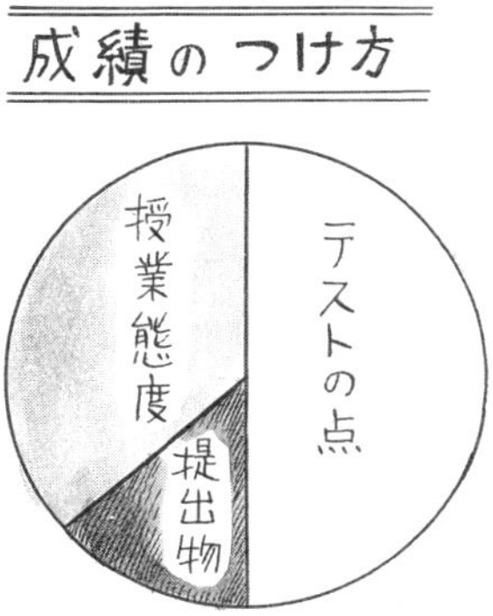
成績のつけ方
授業態度
テストの点
提出物

⑫ 授業への意見・要望の述べ方

生徒は授業にたいして、いろいろな願いや要求をもっている。それが、どういう回路をへて教師に届くのか、そのルールをきめておく。要求されることはつらいけれど、自分の授業改善にとりくまなくては授業不成立を招くことになる。授業への要求は、アンケートをとる方法もあるが、教科係に知らせ、教師に伝えてもらうというように、間接的に届くようにしておくとよいだろう。

もっと ユーモアの ある 授業を して もらいたい
どういう回路をへて
教師へ 届くか……

ノート

授業を乱す行為の抑止策として、たとえば「授業中、立ち歩かない」というルールをきめるが、きめたら立ち歩きがなくなるものではない。ところが、ルールを破ったものに「１週間当番」という罰のルールでのぞむという例が多い。これが失敗のもとである。ルール破りは指導課題だからだ。そこを間違えて、再びルールによって対応しようとすると、反発がおこって、荒れの原因をつくることになる。

子どもたちといっしょに授業をつくる

授業のルール
—どうルールをきめるか—

ポイント

中学校に入学すると、１冊のパンフレットが配布される。そこに、校則や服装の規定や教科ごとの授業のルールと、予習復習の仕方が説明されている。最初から、授業のルールはこうだと頭ごなしにきめて守らせる学校が増えてきた。これでは授業への主体性は育たない。では、どうルールをつくるのか。

実践のアイデア

1 子どもと合意しながらつくる

授業は子どもとともにつくる活動であり、子どもたちのためのルールだから、子どもたちの意見や要望を聞きながらきめていく。たとえば、「気持ちよく授業を始めるには、どう挨拶したらいいのだろうか」と、問いかけ、授業のはじめの挨拶のルールをきめていく。このように、時間はかかるけど、一つひとつルールをつくっていくと、守ろうという意欲を引き出すことができる。

どういう
ルールを
つくろうかね

② 少しずつ順々にきめていく

最初になにもかも全部きめるのではなく、授業をすすめながら、順々にきめていく。忘れ物をした子どもがいたら、「さて、忘れ物をしたら、どうするといいかな」と子どもたちの意見を聞きながら、忘れ物についてのルールを合意していく。このように、必要に応じながらきめていく。とすると、中・高校の場合、学級によって多少の差異がでるが、それでいい。無理に統一することはない。

忘れ物を
したとき
どうしたら
いいと
思うかな

③ あせらずにとりくんでいく

ルールをつくってみても、すぐにできることと、なかなかできないことがある。意見の言い方や話し合いのルールは、すぐにはできない。時間がかかる。子どもたちの成長と学級集団の成熟に見合ってルールが守られていくからである。したがって、あせらず無理をせずに、少しずつ守られるようにしていく。この点では、教師の熱意と忍耐とが求められよう。

授業のルール

	4月	5月	6月
あいさつ	○	○	○
準　備	△	○	○
忘れ物	×	×	△
予習・復習	×	×	×
書きこみ	△	○	○
ノート	△	○	○

ノート

教師が与えたルールは、定着率が低いが、奨励するという方法で広げていくと定着率は高くなる。ある子どもが教科書・ノートを開き、筆記用具を準備して授業のはじまりを待っていたら、そのことをほめ、他の子どもたちもそれにならうように奨励し、やがて、これを授業準備のルールにしていくという方法である。子どものなかにある実践をとりあげ、普遍化し、集団のルールにしていくのである。

教科係をおく

ポイント

教育は教師と子どもがいっしょにとりくむとき、最大の効果をあげる。授業も同じ。教師がいくら勉強させようと思っても、当の子どもたちがやる気にならないと成立しない。では、どのように子どもたちのやる気を引き出し、授業のすぐれたパートナーに育てるか。その１つが教科係の活動である。

実践のアイデア

① 係活動に教科係をおく

学級には、保健・図書・生活・飼育・美化・掲示・文化係などある。この係活動とは別の系列に、教科係をおく。この教科係の活動によって、授業への子どもの参加と学習意欲を引き出すのである。教科係は国語・社会から道徳係まで、全部の教科におき、全員がいずれかの教科係に所属するようにする。全員の子どもを教科係のメンバーにすることで、全員の、授業への積極性を引き出す。

全員を係に
国語係
社会係
体育係
道徳係
音楽係
算数係

② 教科係の導入の仕方

子どもの活動は最初は「見せる」ことからはじめる。教科係も最初は、たとえば、「社会科の時間に、先生の手伝いをしてくれる人、いますか」と、希望をとって社会係をきめ、教具を運んだり、掛図を用意したり、提出物を集めたりと、教師の手伝いをしてもらう。この活動を子どもたちに見せ、その活動をモデルに、「ほかの教科にも係をおこう」と提案し、すべての教科に係をおくようにする。

③ 教科係のきめ方

ⓐどの係になりたいのか、子どもの希望を聞いて調整し、学級全員の子どもがなにかの教科係になるようにする。
ⓑ仕事量がなるべく平均化するよう人数をきめる。国語と道徳では週時間が違うから、国語係は５人、道徳係は２人というように。
ⓒ三か月に一度くらい総取り替えする。活動をするうちに、人気の高い係が出るので、交替して、いろいろな係を経験させるようにする。

ノート

教科係は子どもたちにとって、教師と親しく接する機会となり、また、好きな授業を手伝えるので、魅力の活動として喜ばれるだろう。とくに、子どもたちの好きな教科には、希望者が殺到し、教師を困らせることになろう。しかし、算数の苦手な子どもが、算数係になって活動をするうち、算数に興味を示すようになることもあるから、なるべくさまざまな教科係を経験させるようにしたいものだ。

子どもたちといっしょに授業をつくる

教科係の仕事
—教師の手伝いから—

ポイント

教科係の仕事は、最初は教師の手伝いである。教師の手伝いをしながら、やがて、教師のパートナーになって授業にとりくむうちに、授業が自分たちのものであるという自覚が育ち、授業の活動主体へと成長していく。そういう見通しのなかで、では、教科係はどのような仕事をするのだろうか。

① 授業に必要な教具を準備する

授業ではいろいろな教具が必要である。国語の有職故実《ゆうそくこじつ》の掛図、社会科の地図、理科の標本、美術の静物、体育のボール、家庭科の調理器具など、教師や生徒が使う教材を用意する。あらかじめ、次の時間にはなにを用意するか、先生から聞いておいて、休み時間に用意しておく。ただし、体育の跳び箱のような大きなものは、体育係がみんなに協力してもらって準備したり片付けたりすることになる。

② 授業についての連絡をする

教科担任の連絡係。1つは、明日の授業についての連絡。教科担任に明日の授業でとくに必要な支度を聞いてきて、帰りの会で「明日の音楽には笛をもってくること」というように連絡する。2つは、その日の授業についての連絡。「体育の授業は体育館です。体育館靴と紅白の鉢巻きを忘れないでください」「美術は第2美術室へ変更されました」というように連絡する。

③ 連絡掲示板へ情報を記入する

背面黒板に「連絡掲示欄」をつくる。その欄の仕切り方はいろいろあるが、教科連絡欄をつくって、教科ごとに「あしたの授業予定・持ってくるもの」が記入できるようにする。欄には教科係が記入する。記入することは3つある。ⓐ明日の授業予定。ⓑとくに持ってくるもの。ⓒどういう宿題か。生徒はこの連絡欄を見て、準備したり、予習・復習の方針を立てることになる。

ノート

教科係の活動をとおして、自分たちの授業だという意識を育てる。教具の準備でいえば、ⓐ最初は「社会科の時間、教具室から地球儀を持ってきてね」と依頼する。ⓑ「よくできた」とほめると、「先生、次の社会科の時間、なにを用意するんですか」と聞くようになる。ⓒ「なにを用意するといいかな」と考えさせていくと「次の時間、日本地図を用意しておきます」と、主体的態度が育っていく。

子どもたちといっしょに授業をつくる

教科係の仕事
—レベルアップ—

ポイント

教科係の活動は、単純な作業から少しずつ難度をあげていく。①作業課題の難易度をあげていく。②自主的に判断して、作業をする領域をふやしていく。③教科係がグループとして仕事にとりくんでいくなかで、話し合ったり、分担したり、助け合ったりする力を育てる作業をつけ加えていく。

④ 教具・教材の準備・作成を手伝う

教材・教具の準備を教科係が手伝う。教材室・資料室の棚の整理。美術の授業で使う色画用紙の用意。社会科などの教材の印刷の手伝いと仕分け。家庭科の調理実習の材料の班別仕分け。グラウンドのライン引き。実習菜園の手入れ。ときに、教材の作成を手伝ってもらうこともある。数学の時間に使うブラックボックスや理科の実験装置の作成。また、朝自習テストの採点なども手伝わせてよい。

⑤ 教材・資料の掲示物を貼る

単元がかわるごとに、その学習に必要な教材を展示したり、掲示したりする作業を委託する。教師の用意した教材をきれいに説明をつけて掲示・展示するだけでなく、自発的に、現在の学習に必要な教材を集めてきて掲示する。また、教材用の飼育や栽培も、教科係の活動に含めていってもよいだろう。教室・廊下に、学習のための掲示・展示コーナーをつくっておくとよい。

⑥ 宿題・提出物・配布物の集配

提出物を集めたり、返したりする。集める場合、ただ、集めるだけではない。名簿に記入する。名簿順に並べる。さらに、集め切る。提出しない生徒に提出するようにはたらきかけ、提出するように手助けし、全員が提出できるようにとりくむ。提出物の返却・資料の配布も分担し、完全に、当人の手もとに渡るようにとりくむ。教科係は友情の宅配便屋でもある。

ノート

教師は多忙で、生徒と話し合う時間がなかなかとれないが、教科係の活動の機会をとらえて、生徒と交流を深める。教材を運んでもらったり、印刷や教材作成に手を貸してもらったりしながら、生徒の話をいろいろ聞いて、話し合ってみる。そのなかで、生徒のなかにある気分や興味や要求や悩みを知ることもできるし、それは同時に、教師としての自分を生徒に理解してもらうことにもなる。

子どもたちといっしょに授業をつくる

教科係の仕事
—さらにレベルアップ—

ポイント

教科係はさらに難しい仕事にチャレンジする。係活動は実務的な管理面での仕事が多いのだが、さらに難易度をあげて、指導的な仕事を担当するように発展する。指導の仕事は、教師の力を背景にして学級を動かすのではなく、生徒自身の、係の力によって学級を動かすので、一段と難しくなる。

⑦ 授業のはじまりのとりくみ

ベルが鳴って、英語の授業がはじまると、英語係は教壇に出て、みんなを着席させ、用具の準備を確認し「今日は36ページからです。大きな声でいっしょに読みましょう」と読みながら授業開始を待つ。数学なら計算問題を出す。体育なら準備体操をする。音楽なら歌を歌う。教科ごとに、単元ごとに、どのように準備して待つかきまっているから、教科係は学級を指導して授業に備える。

⑧ 自習時間の運営をする

自習時間がある。教科係が教科担任の指示にしたがって自習教材を配布し、集める。ふつう、自習時間には、別の教師がきて監督をするが、最初と終わりにくる程度で、終始、自習に付き添っていることはない。教師のいない間、静かに自習課題を学習するようにとりくむ。また、突然、自習になることもある。そうしたとき、教科係は、課題を考え、課題をつくり、みんなを自習させる。

⑨ 生徒の要求を伝える

教科係に「明日の宿題、忘れないように、連絡、たのむぞ」と伝えると、「先生、明後日までにおまけしてくれませんか」「どうして」「だって、社会科と英語と数学からも宿題が出ているんです」という。「そうか。では、明後日までに延期しよう」。教科係は、生徒の授業への感情や要求を伝え、また逆に、教師の気持ちをみんなに伝え、両者の関係が円滑化するようとりくむ。

ノート

教科係の仕事は、この９項目が基本である。ほかには、学習運動や教科通信の発行、教科外活動への発展などある。仕事の量が多いようにみえるが、慣れるにしたがって仕事量を増やしていくこと、教科係のなかで分担してとりくむようにすると、そんなに大きな負担にはならない。好きな教科の係になると、仕事が楽しくて、授業が待ち遠しくなる。活性化のコツは、その活動をほめることである。

子どもたちといっしょに授業をつくる

学習グループ
―助け合う組織―

ポイント

子どもたちが積極的に、助け合って授業に参加できるように、学習組織をつくらなくてはならない。ただ、助け合って勉強しようと、呼びかけるだけでなく、具体的にどのようにして助け合うのか、組織をつくり、こうして助け合うのだと教えていかなくては、掛け声だけで終わってしまう。

① 助け合う学習グループ

遠くの席に座っているものを助けるわけにはいかない。助け合うとすれば、ごく身近にいるもの同士である。自分も授業を受けながら、平行して助け合えるような、その眼のなかにしぜんに入る人数が適している。とすれば、4人グループがいいだろう。新しく4人組をつくるか、あるいは、生活班を半分にしてもいい。グループの名称は1班、2班、あるいは「トトロ班」「元気会」でもいい。

② ガイドをおく

学習グループに学習リーダーをおく。生活班のリーダーと区別するために「ガイド」と呼ぶ。互選してもいいし、あらかじめ教師がきめておいてもよい。ガイドは、なるべく、その教科の得意な子どもから選ぶ。ガイドは、自分も授業を受けながら、同時に勉強のわからない子どもにとりくむことになるからだ。自分の勉強を犠牲にして、人の世話を焼かせることをさせてはならない。

③ グループの座席

４人グループをつくっても、授業中は、前を向いて勉強する。机はくっつけない。メンバーの座席はどうするか――４人のうち、ⓐとⓑは私語をする。ⓒとⓓはあまり私語しない。ⓓがガイドという場合。ⓐとⓒが並び、その後ろにⓑとⓓが並ぶと、助け合う組織配置ができる。グループで話し合うときには、ⓐとⓒが後ろを向けば、４人の顔がそろうことになる。

ノート

学習グループは原則として教科ごとにつくられる。中学校の体育は、男女別である。理科の授業では、実験テーブルごとにグループが編成される。音楽ではパートで授業を受けることもある。したがって、教科ごとに、教科の必要に応じて、学習グループをつくることが理想である。しかし、教室での授業では、教科ごとに席を替えるのが面倒なので、生活班を半分にして学習班をつくる例が多い。

学習グループ
—どんな活動をするか ①—

ポイント

学習グループの活動は、ⓐ教師の指示によっておこなう。ⓑ子どもたちがグループ学習を要求しておこなう。この２例だが、ⓑの場合も、教師の承認のもとに活動することになる。その活動の多くは、学習活動で、ときに、メンバーや学級の学習態度や授業への要求活動にとりくむこともある。

① 調査をする

ⓐ校区を流れる河川の水質調査のように、１人で調査できないことをとりあげる。１人でできることはグループ活動としてとりあげてはならない。ⓑグループ活動は、真面目にとりくむものと、不真面目なものがいて、その葛藤に力がそがれて、むだな労力と時間を浪費することが多い。計画と分担と規律と、この３点からグループのとりくみをきめ細かく指導する。失敗すると集団嫌いをうむ。

② 練習し、習熟する

グループで練習する。たとえば、グループにボールを１つ渡して、シュートの練習をする。子どもは友だちから学べるうえ、競いあう気持ちもあって、いち早く身につけるようになる。習熟するのにもっとも適した学習方法である。ただし、グループのなかで、うまくできない子どもをやさしく援助したり、不真面目に練習するものを注意したりする力を育てていくようにする。

③ 覚える、暗唱する

英単語や例文・文法の活用表、化学記号、歴史事項の年号などを覚えたり暗記したり、詩歌を暗唱する活動もグループ学習に適している。１人だと正しく覚えたかどうか心もとないが、グループでとりくむと、「そこ、間違っている」と指摘してくれるので、正しく覚えることができる。覚えるときは、まず２人組をつくり、交互に発表しあって覚え、仕上げにグループの全員に聞いてもらう。

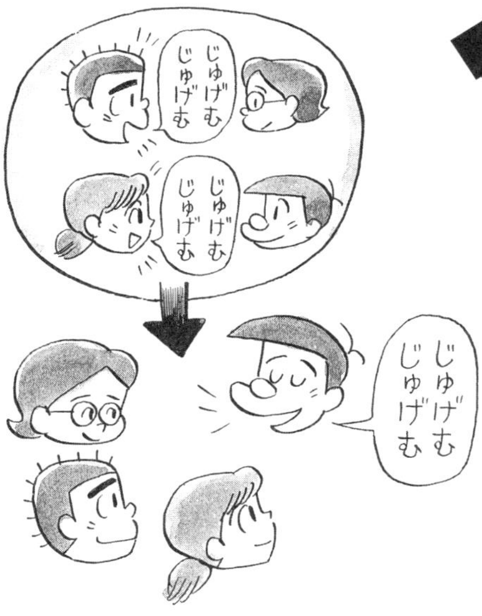

ノート

グループ学習は授業のほかにも教科外活動でも用いられることが多い。たとえば、小学校では野外観察やオリエンテーリングや遠足でのグループ行動、中学校でも、修学旅行やキャンプや宿泊訓練でも、グループ行動がとられている。グループ活動は、学校教職員の例でいえば、学年活動にあたるように、社会的にもよくある活動組織である。小さいときから、この活動に習熟しておく必要がある。

子どもたちといっしょに授業をつくる

学習グループ
—どんな活動をするか ②—

ポイント

学習形態には、全体学習・個人学習・グループ学習があるが、それぞれ一長一短があるので、学習内容にそいながら、学習形態を選択する。やたらにグループ学習をとりあげてはならない。グループ学習にあわない学習だと、学習効果があがらないうえ、グループ内の人間関係がこわれることもある。

④ 話し合う

教師の出した課題を話し合うとき、たくさんの意見が出ればいいが、意見の出ないような場合、グループの話し合いにうつすと、意見が出やすくなり、活発に話し合うことができる。ただし、意見がグループのなかだけでしか聞くことができないので、全体学習に戻り、グループで出た意見をみんなに発表してもらい、その意見をもとに話し合うと、レベルの高い、しかも、活発な話し合いができる。

⑤ まとめる

音楽の授業で、いくつかの候補曲から「今月の歌」をきめるような場合、まず、グループごとに話し合ってきめる。ついで、全体学習に移り、各グループごとに推薦曲を発表してもらい、さらに、話し合い、もつれれば、最後は採決してきめてもいいだろう。グループ学習は、話し合ってまとめることに役立つ。話し合いもせずに、いきなり多数決できめることは、決定を空洞化させることになる。

グループ	候補曲
青空	母さんの歌
元気	きみの祖国
キムタック	希望の星
ピカチュー	青い空
ルパン	青い空
ホープ	希望の星

話し合って → ?

⑥ つくる活動

グループの共同作業によって、作品や表現をつくる活動。体育の創作ダンスや組体操はグループ学習としてとりあげ、グループの創意工夫によって創出されることが多い。また、新聞づくりや集団貼り絵も、グループ学習に適している。このグループ活動もまた、1人ではできない課題にとりくむのに有効である。ただし、グループ学習の成果は、個の活動の総和となるよう組織するとよいだろう。

ノート

グループ学習を効率よくすすめるには、これから、どのような活動をするかを短い言葉で表現する。あらかじめ、上記の4は「話し合って」5は「まとめて」6は「とりくんで」、ほかには「調べて」「覚えて」というようにきめておく。「では、これからグループごとにガイドを中心に話し合ってください」こんなだらだらした言い方は授業のテンポをくずす。「話し合って」この一言できめる。

学習グループ
—どんな活動をするか ③—

ポイント

学習グループは、全員がわかる・できるようにするための組織である。ガイドという小先生をおき、教師の助手がわりにして授業効率を上げようというのではない。勉強のわかったものは、まだわからないもののために力を貸そうという考えに基づく活動組織、それが学習グループの教育思想である。

⑦ 勉強を教えあう

勉強を教えてやろうといっても、具体性がないから、とっかかりの活動をくむ。たとえば、算数大会を開く。10問の問題を出して、グループ対抗にする。平均点の高いグループが優勝するのではなく、前回よりどれだけよくなったかによって優勝を争う。大会に備えて、練習問題を出し、グループごとに教えあってとりくむようにする。前回よりどれだけよくなったかは、教えあった協力の成果だとみる。

⑧ 答えをもつ

教師の発問に対して、全員が答えをもてるようにとりくむ。正しい答えかどうかは問題ではない。答えをもてたかどうか、グループでとりくむ。全員が答えをもったという場合は、グループ学習は必要ない。１人でも答えがもてないものがいたら「時間をください」とグループ学習を要求してとりくむ。ヒントを出すなどしてとりくむが、最終的には、いくつかの答えから選択させて答えをもたせる。

⑨ 教師に要求する

教師の説明がわかったものは、まだわからないもののために援助する。グループで助け合ってとりくむのだが、順序性がある。ⓐわからない、できないときに、教師に「もう一度言ってください」「くわしく説明してください」「例をあげて説明してください」と要求するように励ます。わかる・できることへの責任は教師にあるからだ。そのうえで、ⓑヒントや助言を与えてやる。

ノート

全員がわかる・できることにとりくむ理由を教える。みんなが心身ともに賢く健康にならないと、いい世の中はつくれないからだ。たとえば、愚かな大人になったらどうだろう。暴力をふるったり、戦争をはじめたり、汚職をしたりして、人々の生命や平和や人権や生活が脅かされるようになる。そうなっては困るから、全員が平和と健康に生きる学力を身につけなくてはならないのだ、こう説明する。

子どもたちといっしょに授業をつくる

学習グループ
—授業規律にもとりくむ—

ポイント

学習グループをつくると、すぐに「私語する友だちに注意しよう」というような管理のためのとりくみをしたくなる。しかし、そう簡単に注意しあえるようにはならない。学習グループの活動が楽しくすすむなかで、しだいに高めあう力が身についた段階で、授業規律にとりくむようにする。

⑩ 授業に集中する

教師が重要な発問や説明をするとき、たとえば「はい」と指を立てる（こういう授業のスタイルは授業のルールとして子どもたちと合意しておく）。教師が指を立てたら、全員が集中する。このとき、それぞれの学習グループのなかで、まだ教師に集中しない仲間がいたら、そっと注意して集中するように励ます。教師もまた、そのとりくみを促すために、集中しないグループに視線を注ぐとよい。

⑪ 授業態度にとりくむ

授業態度の悪いものがいる。まず、私語・立ち歩きなど、まわりの子どもの学習に迷惑をかけるものにとりくむ。学習グループにとりくみを任せてはいけない。教師のとりくみを手伝ってもらう。たとえば、立ち歩きだしたら、その前後にくっついて、いっしょに立ち歩く。教師が「何班」と注意したら「叱られた。席に戻ろう」といっしょに戻る。こういうおもしろい方法を考えて手伝ってもらう。

⑫ 忘れものにとりくむ

よく忘れものするメンバーに、明日もってくるものをメモさせたり、電話したりするという真面目なとりくみのほかに、グループとして、忘れものしそうな用具をストックしておいて、忘れた人に貸し出すというようなとりくみ。また、むずかしい、できそうにない宿題が出たら「先生、減らしてください」と要求して「値下げ作戦」をさせるとりくみもある。おもしろくすると、とりくみが長続きする。

ノート

学習の規律は、勉強の好き嫌いやわかる・わからない、できる・できないにかかわるから、「態度が悪い」と注意して叱れば、それで解決するものではない。忘れものひとつをとっても、その原因は多様である。したがって、問題の因ってきたる原因や背景を分析し、方針を立ててとりくむことはむろんだが、ときに、生活そのものにも手を広げ、保護者と協力してとりくむこともおこってくる。

子どもたちといっしょに授業をつくる

学習グループ
―その育て方―

ポイント

学習グループの指導は難しい。交わりや自主性の発達がゆるやかになったからだ。指導にあたって、ⓐ学習グループ活動のモデルは教師の授業である。ⓑグループ学習中に机間をまわって細かく指導する。ⓒガイドを集めて講習する。きめ細かく指導すると、望外の成果を得ることができる。

① グループを単位に評価

教師の評価は、なるべくグループを単位にする。「青空班は全員、支度ができました」「ピカチュウは全員が手をあげています」「きむたっくグループの話し合いはみごとでした」。また、注意するときも個人名をあげずに「トトロの森から、まだおしゃべりが聞こえますね」。元気会には「元気がよすぎるようです」。ただし、できそうにないことができた子どもには、個人名をあげて賞揚する。

② 仲間の注意を聞いたら評価

「元気会の大山くんは早野さんに注意されたら、すぐに席についた。友だちの言葉をすなおに聞くなんて、なかなかできないことだ。先生は注意した早野さんもえらいと思うが、その注意をすなおにきいた大山くんもえらいと思った。元気会に拍手を送ろう」。最後は二人に拍手ではなく、所属する学習グループをほめると、グループへの帰属感も育ち、学びの姿勢がいっそう高まることになる。

③ 注意の仕方は率先垂範

学習グループ内では、「やめてください」「やめろ」と直接的な強い注意ではなく、「やめようぜ」「もういいよね」「やめとこうね」というような勧誘形の表現を用いるようにする。強く注意すると、強い反発がおこる。ただし、子どもたちに勧誘形を用いて注意させるには、教師自身、勧誘形を用いて子どもたちに接しないとならないだろう。率先垂範するということである。

ノート

学習グループの指導に、こうしたとりくみのなかで、活動に慣れ、お互いに高めあう関係をつくっていくことができる。この結果、授業の主体を育てることにもなるし、授業以外の場でも、お互いに高めあう活動を活性化することができるようになる。しかし、こういう学習集団の指導が苦手な教師は、教師だけの努力で、授業への参加や理解、規律の確立にとりくむことになる。

コラム

★社会係の実践★

学級に教科係をおく。たとえば社会係。何人いてもよい。社会係のなかに、教壇係・環境整美係・入り口係・先生係をおく。

教壇係２名＝準備を指揮する子ども。教壇に立ってすすめる。

環境整美係２名＝白墨を用意し、黒板・黒板拭きをきれいにする。

入り口係２名＝「教室へ入りましょう」と声をかける係。

先生係２名＝休み時間に、先生と連絡をとり、用意するものを聞き、頼まれた仕事をする。

社会係だけでも、これだけの仕事がある。なお、宿題集め係・忘れもの貸し出し係をおいてもいい。

さて、社会係は休み時間、まず自分の机上に社会の教科書を出し、準備をすませておく。そして、教壇係は、問題を黒板に書く。環境整美係はその仕事をすすめる。先生係は先生のところへ行く。入り口係は、入り口に立つ。

こうして社会係が準備していると、ベルがなる。入り口係は、廊下の子どもたちに「席に着きましょう」と声をかけて、教室のなかへ入れる。すると、教壇係が「社会の準備をしてください」と声をかける。「教科書の38頁を開けてください」。こう言うと、入り口係・環境整美係の子どもたちは、いっせいに列に入って、席に座るようにうながし、「準備しましょう」と声をかけ、準備していない子どもに準備をうながす。全員の学習準備が整ったら、自分たちも席につく。教壇係が「では、この前に勉強した社会のクイズをだします」と、先生が入ってくる。教壇係が「気をつけ」と号令し、全員で「お願いします」と挨拶をかわして授業へ入る。

しかし、係の言うことをきかない子どももいる。そんな子どもに「入り口係」をさせてみる。他の子どもに向かって「席についてください」といわせてみる。自分の鏡を発見して反省するだろう。

Ⅳ　つまずきへの対策

授業をすすめるうえで大切な認識がある。教えれば教えるほど、子どもたちのなかに「わかる・わからない」「できる・できない」の分裂を深めていくという認識である。

この分裂は１時間という授業のなかですすむが、積もり積もって、学年末には大きな開きがうまれ、さらに卒業するまでには、さらに大きな開きになる。

では、その分裂にどうとりくむのだろうか。ここでは、教師の発問を例に、子どもたちはどのように分裂するのか、その分裂にたいして、どのようにとりくむかをとりあげた。この実践例を参考に、全員が参加する授業を構想してほしい。

つまずきへの対策

発問を聞いていない

ポイント

たとえば、教師が発問する。このとき、その発問を聞いた子どもと、聞いていない子どもとに分裂する。これが授業の分裂のはじまりである。聞いていない子どもは、以降の授業が、なにを主題にすすんでいるのかが、わからなくなり、ここで脱落してしまう。そのようなきざしがみえたとき、どうするか。

① 教師のとりくみ

教師の発問を聞いていない子どもは「聞かない生徒が悪い。ほっぽっておく」と答えた教師がいて驚いたことがあるが、次のような手を打つ。ⓐ事前に、「これから大事なことを聞くよ」と子どもたちを集中させてから発問する。ⓑ聞いていない子どもたちがいることがわかったら「もう一度言うぞ」と再度、集中させてから発問する。あるいは、聞いていた子どもから説明させてもいい。

② 本人が聞こうとする

授業中、ふと集中や緊張の糸が切れて、教師の発問や説明を聞きそびれることがある。そのとき、そのまま打ち捨てておいて授業から脱落しないように、すぐに、授業に参加すべくとりくむことを教えておく。ⓐ隣の席の友人に小声で「今、先生、なにを言ったの」と聞く。ⓑ「先生。すいませんが、もう一度、言ってください」と、お願いする。わからないままほっておかないようにさせる。

③ 子どもたちもとりくむ

しかし、教師に「もう一度」とお願いできない子どももいる。そういうとき、まわりの子どもたちが、以下の応援をするよう指導する。ⓐ聞く準備のできていない子どもに、教師の発問に集中するように注意する。「静かにしようぜ」ⓑ「先生に、もう一度、言ってください」と頼むように進言する。ⓒその仲間に代わって、先生に「もう一度言ってください」とお願いして、言ってもらう。

ノート

教師が発問したが、私語していて聞いていない子どもがいたとき、「自分の発問に、子どもたちを引きつける力がないからだ」ととらえる。子どもたちが「先生は、どうせ、たいしたことはいわない」ととらえていれば、聞こうとはしないからだ。ところが、教師の発問が、常に子どもたちの興味や関心にフィットし、知的興奮をもたらすものであれば、期待して、聞こうとするようになる。

つまずきへの対策

聞いたが、意味がわからない

ポイント

教師の発問は聞いたが、その意味がわかる・わからない子どもに分裂する。なにを聞いたか、その意味のわからない子どもは、この段階で、授業から脱落する。発問の意味のわからない子どものとらえ方は、ⓐ子どもたちの顔色を見て判断する。ⓑ発問へ答えようとする挙手の数を見て判断する。

① 教師のとりくみ

発問の意味のわからない子どもがいたら、教師は３つの方法でとりくむ。ⓐもう一度、言う。単純な発問なら、これで伝わる。難しい内容の発問だったら、ⓑ少し詳しく説明をくわえる。さらに難しい、しかし、全員に徹底したい内容の発問だったら、ⓒ別の言葉を用いて言いかえる。ただし、言いかえ方を間違えると、かえって混乱し、失敗することがあるので、要注意。

② 本人のとりくみ

発問の意味がわからない子どもは、そのとき、どうするかを教えておく。意味がわからないのは、自分の頭が悪いのではない。先生の聞き方が自分を充してくれなかったととらえ、先生に要求することを教える。教師への要求の仕方は、ⓐ「もう一度、わかりやすく、言ってください」ⓑ「すいません。くわしく言ってください」と頼む。こうして、再び詳しく説明してもらい、発問の意味を理解する。

③ まわりの子どもたちの援助

学習グループのなかに、発問の意味のわからない者がいたら、ⓐ教師へ要求するよう励ます。「もう少しわかりやすく言ってくださいって先生に聞きなさい」ⓑ学習グループ内でとりくむ。「先生の発問の意味、わかったかな」と確認し、「わからない人は先生に聞きなさい」と応援し、先生に質問させる。ここで大切なことは、発問を教えるのではなく、教師に聞くように応援することである。

ノート

なんでもそうだが、指導には、３つのポイントがある。１.教師による全体への直接的な指導である。ところが、かならず指導からはずれる子どもがいる。したがって、２.指導からはずれたときどうするかについて、子どもたちに教えておく。３.指導したことからはずれた子どもへ、まわりの子どもたちはどう援助するかについて教えておく。この３つがあいまって指導が完成する。

つまずきへの対策

「答え方」がわからない

ポイント

教師が発問する。聞いていない子どもがいる。聞いてはいたが、発問の意味のわからない子どもがいる。ついで、教師がなにを問うたのか、聞こえはしたが、どう答えていいか、わからない子どもがいる。どう答えていいか、わからない子どもは、この段階で授業から落ちこぼれていく。そこで……。

① 教師のとりくみ

答え方がわからないでいると感じたら、ⓐもう一度、ゆっくりと発問をくりかえす。ⓑ「図画の時間にも勉強したよ」と既習事項を想起させる。ⓒ「ノートを見てごらん」、既習事項を確かめさせる。ⓓ答え方のヒントを出す。「肉親が亡くなったとき、どんな気持ちになるだろう」。ⓔ「たとえば」と、答え方の具体例をあげる。「悲しいとかうれしいとか、自分の気持ちを発表すればいいんだ」。

② 本人のとりくみ

答え方がわからないとき、わからないままにしておかないで、教師に要求すること、その言葉も教えておく。ⓐ「どう答えていいのか、よくわかりません」ⓑ「どう答えるか、ヒントをください」ⓒ「どこを読むと、答え方がわかるんですか」ⓓ「たとえば、どういうように答えるといいんですか」と、このような言葉で、教師に「わかりません。教えてください」と迫っていくことを教えておく。

よく
わかり
ません
ヒントを
ください
どう考えると
いいの
たとえば
どう
答えるの
くわしく
おねがい
します

③ まわりの子どもたちのとりくみ

なにがわからないかがわからない子どもには、教師へ要求することはできない。そういう場合、グループの子どもたちが、後押しして、教師に向かって「教えてください」と要求するように応援していく。そして、教師が時間をとって、「グループで教えてあげなさい」と言われたら教えてやる。こうして全員が、「答え方もわかった」というレベルに持ち上げていくのである。

答えが
わかりません

ノート

子どもたちが教師に向かって「わかりません」と言うのは、教師にとっては恥ずかしい要求である。教師の指導に疑問が投げかけられたからである。授業は子どもたちに「わかりません」と言わせないようにすすめられなくてはならない。一方、子どもたちはわからないことがあれば「わかろう」として「わかりません」と要求する。授業はこの両者の緊張関係によってすすむものである。

つまずきへの対策

「答え」がわからない

ポイント

授業における最大の分裂は、答えがわかる・わからないである。テストは、この分裂を露呈してみせてくれるが、100点満点から0点までに拡散する。しかし、授業の目的は全員理解にあるから、教師は最大限の力をそそいで、全員の子どもに答えがわかるように、とりくまなくてはならないだろう。

実践のアイデア

① 教師のとりくみ

答え方もわかった、しかし、答えがわからない子どもにたいして、どうとりくむか。ここで大切なことは「全員に答えをもたせること」で、全員に正答をもたせることではない。ⓐ答え方のヒントを出す。ⓑ既習事項を想起させる。ⓒ答えの手掛かりになる教材の部分を示す。ⓓたとえばと答え方の例をあげる。ⓔ３つの選択肢にして選ばせる。ⓕ答えを予想させてみる。

三つのヒントを
出します
A. 重くなる
B. 軽くなる
C. 同じ
どれでしょう

② 本人のとりくみ

答えのわかない子どもには、そのとき、教師に要求するように教える。要求の言葉は、教師のとりくみと対応しているが、ⓐ「答え方のヒントをください」ⓑ「どこを読んだり、調べたりすると答えがわかりますか」ⓓ「答え方の例をあげてくれませんか」ⓔ「ここまではわかったんですが、このあとがわかりません」「Aとも、Bとも考えられます」と迷いを披瀝する答え方のあることも教えておく。

どこを読むとわかりますか
AともBとも考えられます
ここまではわかりました
答え方の例をあげてください

③ まわりの子どものとりくみ

全員が答えをもつようにとりくむ。答えのもてない子どもにたいして、教師の指導に準じながら、とりくむ。ⓐ答え方のヒントを出す。ⓑ前に学習したことを思い出させる。ⓒ答えの手掛かりになる教材・ノートを教えてあげる。ⓓたとえばと答え方の例をあげてみる。ⓔ３つの選択肢にして、このなかからいいと思うものを答えとして選ばせる。ともかく答えをもたせるようにとりくむ。

答え
答え
答え
答え

ノート

全員の子どもが感想・意見をもてるようにするには、学習グループのとりくみが有効である。感想・意見がもてない者がいたら、学習グループ会議を開く。ガイドが「感想のもてない人は？」と聞く。持てない人がいたら、感想のもてた人が、その感想を発表する。感想のもてない人は、そのなかからいいと思う感想をもらって、自分の感想をつくる。こうして全員が感想・意見をもてるようにする。

つまずきへの対策

発表しない子ども

ポイント

教師が発問する。全員が発問を聞き、なにを聞いているか理解し、答え方もわかり、答えを持つことができた。しかし、発表する子どもとしない子どもがいる。発表しない子どもは、授業の表舞台から身を引くことになる。発表し、意見を交流するなかで、理解が広がり深まるのである。そこで……。

① 教師のとりくみ

答えをもちながら発表しない消極的な子どもがいる。ふだんから、やさしい質問をして答えさせ、発表することに自信を持たせるようにする。ただし、挙手しない子どもを指名し、無理に答えさせることは避ける。間違えることは恥ずかしくないことを教え、「間違ってもいいから発表してごらん」と奨励する。また、「全部、答えなくていいから、わかったところまで発表してごらん」と励ます。

② 発表力のない子どものとりくみ

間違えてもいいから発表することを奨励すると同時に、自分の発言に自信のない場合、「自信はないんですが……思います」「間違っているかもしれないけど……」「よく整理していないのですが……」と前置きして答えを発表するようにと、励ます。発表力のない子どもが発表したら、発表したその努力をほめてやると、しだいに閉じた口元がほころび、すすんで発表するようになる。

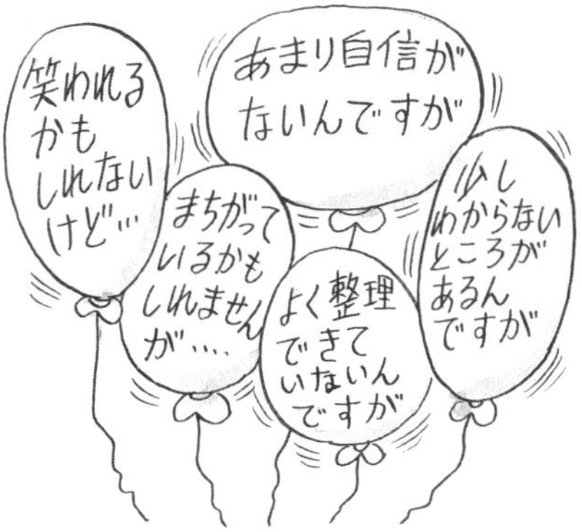
笑われるかもしれないけど…
あまり自信がないんですが
まちがっているかもしれませんが…
よく整理できていないんですが
少しわからないところがあるんですが

③ まわりの子どもたちのとりくみ

発表しない子どもには学習グループでとりくむ。なによりも、思いきり発表するように励ましてやることが大切。また、つっかえたら小声で応援してやるとか、発表途中、言葉を失って立ちすくんだら、「こういうことをいいたかったと思います」とそのあとを引き取って発表してやる。また、発表にたいして、他から非難や嘲笑があったら「やめてください」と、グループ全体でカバーする。

え〜〜と…
……………
「ゆうき」って読むのよ
「ゆうき」
がんばって

ノート

子どもは答えをもちながら、なぜ発表しないのか。その理由ベスト５。ⓐその答えに自信がない。ⓑ恥かしくて発表できない。ⓒうまく表現できない。ⓓ間違っていて、嘲笑されるからいやだ。ⓔいかにも勉強家ぶっているとみられるのがいやだ。だが詰め込み授業が増え、話し合う授業が減り、自分で考えようとしなくなったことが最大の原因である。意見を述べあう授業を活性化したい。

つまずきへの対策

間違った答えの場合

ポイント

発問するといくつかの答えが返ってくる。正しい答え、正答に近い誤答、とんでもない誤答との３つに分裂する。この答えから教師は、子どもの学力を判断するのだが、同時に、正答に近い誤答、とんでもない誤答から、自分の授業をふりかえり、正すべきことはないかを総括しなくてはならない。

実践のアイデア

① 発表された答えを整理する

子どもから発表された答えは、すべて許容して黒板に書く。たくさんの答えが書かれるほどいい学級なのだと評価する。ついで、それらの答えを整理し、統合して、いくつかの答えにまとめる。その一連の作業は、子どもたちに意見を求めながら「こことこれは同じことをいっているからひとつにまとめよう」と、合意を求めながらすすめる。しかし、この作業にあまり時間をかけないようにする。

8 7 6 5 4 3 2 1
5と6はひとつにまとめようか
いいでーす

② 話し合い、しぼりこんでいく

整理されたいくつかの答えのなかから、正しい答えを求めるのだが、ⓐまず、正しい答えを探すためのセオリーを確認する。ⓑ質問からはじめる。「Ａと答えた人に質問。どこからその数字が出たのですか」と質問し、Ａと答えたものがその質問に答える。ⓒ意見を述べる。「Ａの答えはちがうと思います。理由は……」教師は「Ａの人、どうですか」「引っ込めます」。こうして、しぼっていく。

③ 間違った答えから学ぶ

しぼられた答えのなかから、正答を求めていく。教師が話し合いを指導しながら正答を求めていくことになるが、実験によって確かめることもあるし、最後に教師が裁定を下す形で正答を指摘することもある。そのあと、出された答えを総括する。とくに、誤答に焦点をあて、この答えは惜しかった、この答えから、こういうことが学べたねと、間違えた答えのもつ意味を明らかにして終わる。

ノート

教師の発問に、答えが１つしか出なかったら、よい発問とはいえない。少なくとも３つ以上の答えが出る発問がすぐれている。答えが分裂するから、どの答えが正しいか、話し合いがはじまり、子どもたちの認識が広がり深まるのである。間違った答えが出ることは授業をすすめるうえで、とても重要なのである。だから、「間違ってもいいから発表してごらん」と言えるのである。

つまずきへの対策

技能教科における分裂

ポイント

技能教科のできる・できないの分裂はもっと複雑である。たとえば、図画の場合。ⓐ席についている・ついていない。ⓑ図画の道具をもってきている・もってきていない。ⓒ机の上に出して準備している・準備していない。ⓓ教師の説明を聞いている・聞いていない。ここまでは同じだが、このあとの分裂は……。

実践のアイデア

① 授業目的にあっているか

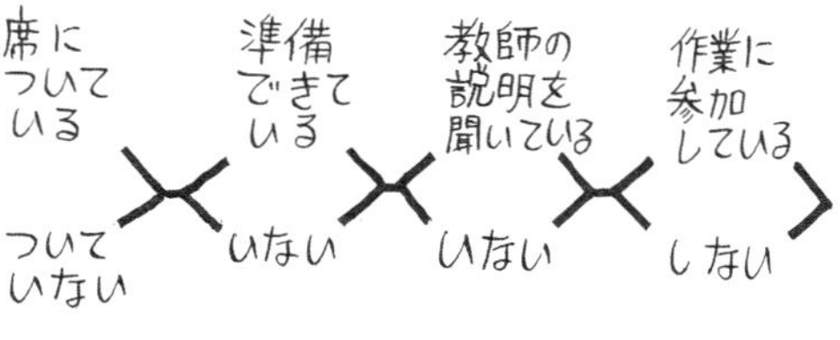
席についている
ついていない
準備できている
いない
教師の説明を聞いている
いない
作業に参加している
しない

「描きなさい」の指示によって、ⓐすぐに絵を描きだすもの、ⓑなかなか描きださないものがいる。ⓑは構想がまとまらないのか、単にぐずぐずしているのか。教師は、個別的にアプローチして、描きだすように援助する。ところが、描いた絵が、本時の授業目的にあっている絵と、そうでない絵とに分裂する。授業目的にあった絵を描くよう、ここでも個別的に指導しなくてはならないだろう。

② 作品主義か、態度主義か

絵を描きはじめると、集中して描く子どもとふざけながら描く子どもがいる。真面目に描いたが、できばえはよくないことがある。逆に、ふざけながら描いたが、できばえはみごとだということがある。問題は、後者の場合で、授業態度は悪くても、作品のできばえさえよければそれでいいのか。むずかしい課題だが、作品のできばえを高く評価しながら、授業態度をよくするよう指導する。

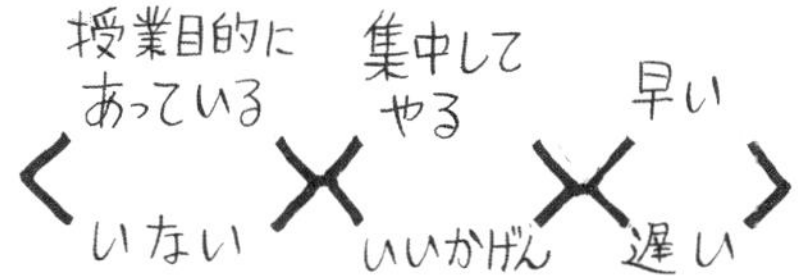

③ 提出した作品で評価

作業から提出までにも、ⓐ作業の手が早い、遅い。ⓑ作業がていねい、ぞんざい。ⓒ授業時間内に完成する、しない。ⓓ提出する、しない——こういう分裂の過程をへる。ここでの問題は、作品のできばえはすぐれているが、時間内に完成しない場合、どう評価するかである。作品は時間をかけても完成させ、提出させ、提出された作品をみて評価することになる。

ノート

授業中の態度は悪いが、テストをすると高得点をとる子どもがいる。この子どもをどう評価するか。２つの考え方がある。１つは、野球が上手でも、暴力をふるうと甲子園に出られないというように、態度を優先する考え方。もう１つは、殺人犯のガラバッジョだが、その絵はすばらしいと評価する作品主義の考え方。このとらえ方によって、正反対の評価になるが、前者のほうが強い。

つまずきへの対策

勉強の苦手な子どもへのとりくみ

ポイント

子どもにとって勉強ができないことが、どんなに辛いことかを理解し、その痛み・悩み・あせり・絶望に共感することが望まれる。教師が能力主義に冒されているとできないが、とくに、勉強嫌いな子どもとは親しくかかわりながら、その生徒と仲良くなり、俗にいう「かわいがってやる」ことだ。

1 切り込み口をさがす

どこから切り込んでいくかをさぐる。生活基盤である家庭・生活史・交遊関係の理解をすすめ、ⓐその子どものできること・できないこと、ⓑ興味や関心のあること、ないこと、ⓒ自信や誇りに思っていること・得意なこと、劣等感を感じていること・不得意なこと、ⓓ長所や短所などをみながら、その子どもの伸びる可能性を発見し、その可能性を足がかりに、その力を引き出していく。

② やさしい問題からはじめる

最初はいちばん得意なこと、たとえば算数をとりあげ、ⓐ達成しやすい課題、やさしい問題を与える。ⓑとりくんだことが利益につながること。丸がもらえた、テストの点がよくなった、答えられるようになったというような。ⓒ成長過程が自分もよくわかるもの。丸をもらう数が増えた、テストの点がよくなったということからとりくみ、しだいに、より困難な課題や他分野にも広げていく。

③ ほめて自信をつける

少しでもできたらほめる。勉強のできない子どもは、自己否定感が強い。「よくやった」とほめると、自信がつき、学習意欲もわいてくる。さらに、その向上を父母や学級の子どもたちにも知らせ、励ましの輪を広げる。子どもの自立には、本人の意欲とともに、保護者や友人などの応援団が必要で、両者があいまって自立へ始動する。周囲の応援がなによりも子どもを励ます。

ノート

勉強のできない子どもだけをとりあげて指導すると、特別扱いされていると感じて、さらなる劣等感を刺激することがある。したがって、そのことが、なるべく悟られないように指導をくみたてる。ふつう、まず「漢字100点運動」というような学級全体のとりくみをすすめる。そのなかで、そのとりくみに遅れがちになる、勉強の苦手な個々の子どもを指導するという構想をとる。

コラム

★教科の言葉★

教育には教育の言葉がある。授業には授業の言葉がある。もっと言えば、教科には教科の言葉がある。授業では、教師はむろん、子どもたちも、教科の言葉を用いて学習している。

教科の言葉を説明するのに、いちばん分かりやすいのは音楽である。音楽の授業における「言葉」はつぎの５つである。

１　教師の指導言である。

２　楽譜である。

３　歌がある。

４　楽器の音がある。

５　教師の身振り（指揮も含む）、表情がある。

この中で、１と５は他の教科にも共通するが、２、３、４は音楽教科の独自の言葉である。音楽は音楽文化の享受・行使・創造の力を育てることだが、音の形象世界を認識するには鋭い聴覚を必要とする。音楽はこの聴覚を磨く教育であるから、「音」が音楽教科の言葉になる。２の楽譜は音楽の言葉である。４は、たとえば、子どもたちに歌わせるとき、ピアノで前奏を弾く。どう前奏を弾くかで歌い方が変わってくる。弾むように弾けば子どもたちも弾んで歌う。前奏は歌い方を誘導し指示する言葉である。５の指揮もそうで、指揮によってどう歌うかという教師の言葉を伝えている。

これは音楽の例だが、教科にはそれぞれ教科の言葉があって、教師はその言葉を使って授業をすすめている。ただ、無自覚に用いていることが多いのだが、自覚的に用いると、授業効率は倍増する。のみか、しぜんに教師の身体をつくっていく。

やがて、その方に接すると「国語の先生だな」ということが分かるようになってくる。

V　授業の技術

日本の教師の授業はじつに細かくていねいで、教え方もじょうずであるという。

たしかに、学制発布以来、数代にわたって授業実践を蓄積し、さらに、時代の流れにそいながら、さまざまな創意や工夫が累積されている。

ここでは、それらの蓄積された授業の技術から、基本的なわざのいくつかをとりだし、紹介した。

「教える」ことはむずかしいが、そのなかにあってゆとりを忘れず、いろいろなわざを駆使しながら、教師自身が楽しみながら授業にとりくんでほしいと思う。

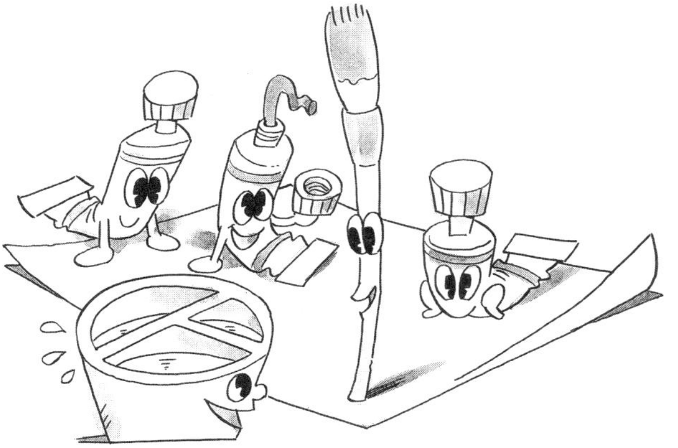

授業の技術

質問と発問

ポイント

教師の問いは、子どもたちから知識を引き出し、知的体系に位置づけたり、また、不確かな知識・間違った考え方や、知らないことはないかを確かめたりするためである。そして、歪んだ知識や知らないことがあれば、教えたり、考えさせたりする。教授方法の中心をなす指導法である。

1 問うことの意味

授業中、教師はよく子どもたちに問う。なぜ、問うのか。子どもたちは「ぼくたちを困らせるためだ」というが、答えを求めるためである。だから、教師が問い、生徒が答える方法を問答法という。しかし、教師の問いの多くは、教師が知っていることを聞く。知っていることは、話して教えればいいのに、なぜ、問うのだろうか。この問答法は学びの方法、思索の方法だからである。

② 質問と発問のちがい

教師の問いには２つある。質問と発問である。似ているが、授業ではこれを区別している。質問は知っているか、どうかの問い。「知識を引き出す質問」で、たとえば、「日本の首都はどこですか」。発問は「考えさせる問い」で、「日本の首都を変えるとしたら、どこがいいと思いますか」。こう問うと、いろいろな意見が出されよう。質問と発問を混同せず、使い分けて授業をすすめる。

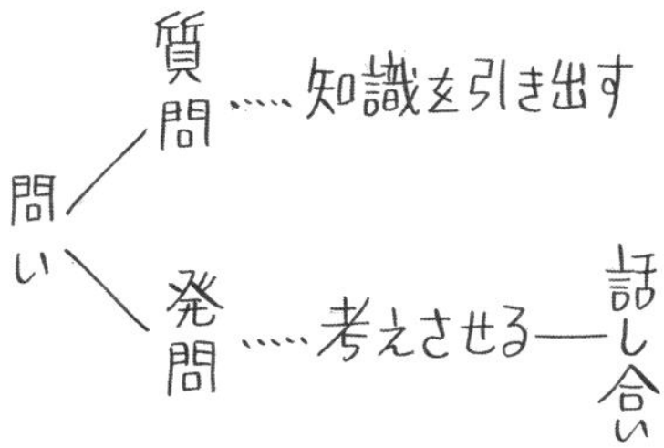
問い
質問……知識を引き出す
発問……考えさせる──話し合い

③ 発問の条件

発問がいいと、授業が活性化する。発問には４つの条件がある。ⓐ明瞭である。ⓑどの子どもにもなにを問うているか理解できる。ⓒだれもが答えられる。ⓓ多様な答えが出るもの。教師の発問の意味がわからない子どもが出るのは、ⓐ〜ⓒの条件が満たされなかったことになる。したがって、教師はその発問が、これらの条件を満たすように、たえず工夫しなくてはならない。

いい発問
A
B
C
D
E
F
たくさんの答えが出てくる

ノート

問答法は、古くからの教授法で、ソクラテスの得意な方法であった。問いによって相手の無知を自覚させて、そこから知の思索に向かうように導いた。さらにキリスト教にも引き継がれ、教義問答として利用された。質問して答えさせ、認識している教義の正誤を点検した。間違ったら大変だというので、ここから記憶──定着という、詰め込み教育がはじまることになったといわれている。

授業の技術

自由発言と挙手発言

ポイント

授業では、教師の説明はほどほどにして、なるべく、教師と子どもとが相互に応答しながらすすめられるように工夫する。教師が問い子どもが答えるとき、どう答えさせるか。答えさせ方によって授業が死んだり活性化したりする。では、答えさせ方に、どういうセオリーがあるのだろうか。

① 発言方法のセオリー

教師の問いに音声で答える形式に、自由発言と挙手発言がある。自由発言は教師の問いに、子どもたちが自由に答える形式。挙手発言は教師の問いに、発表したいものが挙手し、教師に指名されたものが答える形式。ふつう質問は自由発言で、発問は挙手発言で答える。この区別をしないで、つねに自由発言にしておくと、授業は勉強のできる子どもの独壇場になってしまう。

② ルールをきめておく

教師の問いが、自由発言か挙手発言か、どちらで答えるのかを子どもたちに伝えないといけない。といって、いちいち「挙手発言してください」と前置きして問うのも不経済である。そこで、あらかじめ「〜についてどう思う」と聞いたら自由発言、「〜について答えて」と聞いたら挙手発言するというようにルールをきめておく。こうすると、答える子どもたちも迷いなく発言できる。

③ 挙手発言の指名のセオリー

挙手発言はどういう順序で指名するかが大切である。学習する子どもたちのなかに、ある匿名の権威があって、勉強のできる子どもの意見は正しいとみられ、その発言の後、意見が断ち切られることが多い。そうならないように、日ごろ手をあげない子ども、間違いらしい答えをもっている子どもから指名し、なるべく多くの意見が出るようにする。指名を間違えると１つの意見しかでなくなる。

ノート

発言の意思表示に、起立する方法がある。教師が問うと答えをもった子どもは起立する。起立し終わったところで、挙手発言指名のセオリーにしたがって指名して答えさせる。答えた子どもは着席するが、そのとき、まったく同じ意見の子どもも着席する。こうして順次、指名していくと、たくさんの意見が出ると同時に、その様子が視覚化される。少数意見を大事にする方法でもある。

授業の技術

感想の言い方

ポイント

子どものころ、先生に「感想を言いなさい。思ったことを言えばいいんだ」と言われたが、なにを言えばいいのか、わからなくて困った。感想は、感想→鑑賞→批評と上昇していくから、どう感想を言うかは、学問にとっても、重要な初歩的な指導なのである。どう感想を言わせたらいいのだろうか。

① 感想から批評へ

「感想をもつ」ことは大事なのだが、やみくもに「感想を言え」と言っても、子どもはどう感想を言っていいのか、困るだけである。そこで、感想の言い方を指導しなくてはならない。シークェンスとしては、小学校では「感想が言える」、中学校では「まとまった感想が言える。少し鑑賞もできる」、高校レベルでは「鑑賞できる。少し批評もできる」くらいを考えておけばいいだろう。

	小学校	中学校	高校	大学
感想	○	◎		
鑑賞		○	◎	
批評			○	◎

② 感想の言い方を教える

たとえば「ごんぎつね」を読んだあと、第一次感想の発表となる。感想を発表させる。Ａさんが「おもしろかった」と言う。教師「本を読んで、だれもが『おもしろかった。おもしろくなかった』と思います。これが最初に出てくる気持ちで、これが感想の基本形です」と、次のように黒板に書く。「感想の言い方１．おもしろい、おもしろくない」と板書したあと「ほかにどうですか」。

③ 感想の言い方をまとめる

Ｂ君が「ごんが死んだところが悲しかった」、教師「なかなかいい感想です。心に感じたことを言いました」と、黒板に「２．心に感じたことを言う」、このようにして、「感想の言い方」をまとめていく。つづいて「３．登場人物の性格に触れる。４．心に残った表現を指摘する」というように感想の言い方をまとめると、次から、感想はこういうように言えばいいのかとわかってくる。

5. あらすじを紹介する
6. タイトルについて意見を述べる
7. すぐれた表現を指摘する
8. 主題を述べる
9. 登場人物の関係を解く

ノート

感想を述べるときや感想文を書くとき、このまとめ（要素）はとても役立つ。３つくらいの要素を組み合わせると、まとまった感想文を書くことができる。また、さらにふんばって「10．その時代背景に触れる」「11．著者について触れる」感想を書く子どもも出てくる。なんの指導もしないで、ただ「感想を言え、書け」と言うだけでは、さらなる感想嫌いをうむことになる。

授業の技術

板書のセオリー

ポイント

板書は黒板という教具に文字や図表を書くことで、一斉授業にはなくてはならない視覚的補助手段である。このごろは、ＯＨＰやＶＴＲが用いられ、黒板の利用が減ったとはいえ、依然として、その首位は揺るがない。しかし、板書の研究はほとんどしなくなった。板書にはセオリーがある。

① １時間「１枚」

板書にはこれを呼ぶ単位がある。「１枚」「２枚」という。黒板にほぼいっぱいに書く。これが「１枚」。その書いた文字を消して書くと「２枚」という。板書の基本的セオリーは、１時間の授業で「１枚」というのが相場。これが適量で、１枚におさめるように、計画して授業をすすめる。ただし、黒板を使って、子どもたちに計算問題や書き取りをさせる場合は別である。

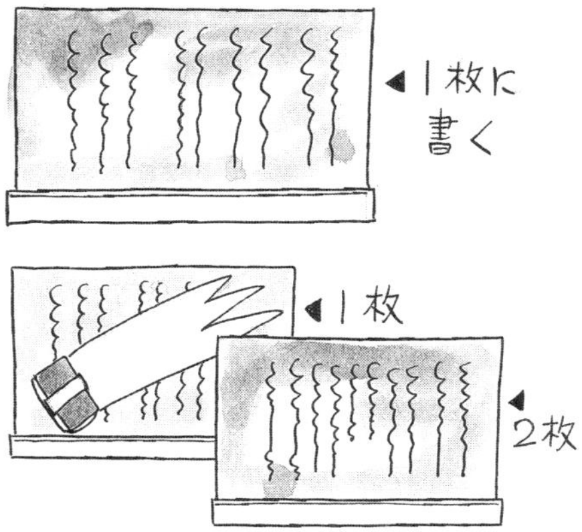

② 文字は楷書で正確に明瞭に

板書の文字は、一番後ろの席の子どもにもはっきり見える大きさの楷書で書く。正確を期するために、教材や辞書を見ながら書くこと。それはけっして恥ずかしいことではない。また、色チョークを使用したり、傍線や罫線を引くような場合、何色はどんなときに使うのか、点線はどのようなときに用いるか、ルールをきめておく。そのときそのときの気分や気まぐれで表記を変えないようにする。

③ 見た目にもきれいに書く

文字を羅列して書くのではなく、視覚的効果を工夫し、ときに、関係的に図式化したり、イラストなどを使って表現する。１時限で学習したことのエッセンスが、美しいレイアウトによって表現された板書が理想である。しかし、授業中、そういう手の込んだ図表や資料を板書すると、時間がとられるので、あらかじめ小黒板に書いて、伏せておき、そのおりおりに開示するとよいだろう。

ノート

板書の技術を高めるため、わたしたちは、子どもたちが帰った放課後の教室で、板書の練習をした。板書して、教室の後ろからそれを見て、「整理されているか」「文字はきれいか」「文字の大きさはそろっているか」「まっすぐ書けているか」など反省して、自分の癖をなおした。また、廊下を歩きながら、他の教師の教室をちらっとのぞいて板書を見ては、そのよいところを学んだ。

授業の技術

板書の方法　1

ポイント

板書は、教材・範例の提示、表象の想起、思考の流れや結果を黒板に書くことによって、子どもたちの思考・発言活動を活性化させ、教材の理解・習得を助ける。したがって、授業のすすめ方によって板書のスタイルが変わってくる。どのような授業に、どのような板書が適しているのだろうか。

① 列挙法

教師が主導する授業では列挙法がいいだろう。板書では、もっともオーソドックスな表現方法である。授業の流れにしたがって、目次をつくるように、学習事項や子どもたちの発表の要点を書いていく。縦書きの場合は、右から左へ書いていく。横書きの場合は、ふつう二欄に段組みする。真ん中で縦半分にしきり、左欄の上から下へ、ついで、右欄に移って、同じように上から下へ書いていく。

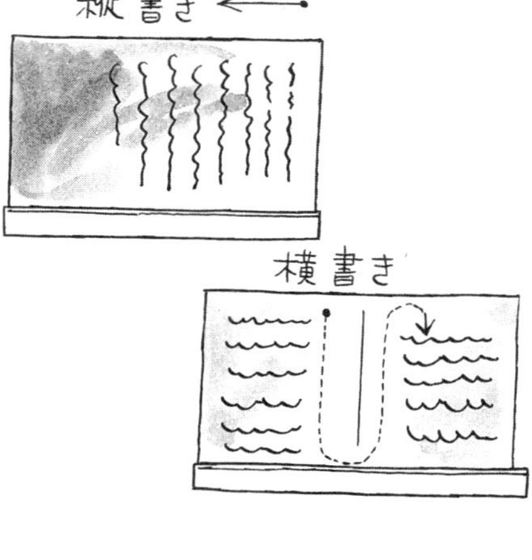

② 上下二欄法

子どもたちの発言を重視する授業では、子どもたちの意見を関係図式法を用いて、総覧できるように板書する。よく使われているのは二欄法である。黒板を横半分にしきり、上下二欄にして、賛否を対照化して板書する。たとえば、上欄に賛成意見、下欄に反対意見を書くというように。この板書法は、授業のほかに、学級総会やディベート活動の板書にも適している。

③ 木の花法

子どもたちの意見とその関係を一括して総覧する板書法。その１つが木の花法である。扇状展開法（校務分掌表のような形式のもの）ともいうが、子どもの答えを枯れ木に咲く花として表現する板書法である。たとえば、家庭科の授業で、幹はテーマ「非常災害に備えて用意するもの」とし、大枝は４本「衣・食・住・心身」。そこに、どんな答えを小枝の花として咲かせるか。

ノート

板書は単に、授業を効率よくすすめることが目的ではない。その方法が子どもの思考法を育てる。たとえば、部活動に入ろうかどうしようかというとき、上下二欄方式で考えるというようにである。上欄に部活に入ると得をすること。下欄には損をすることを書く。こうして、肯定・否定の両面から、部活動に入るかどうするかをきめる。つまり、個々の子どもの思考を育てることになる。

授業の技術

板書の方法　2

ポイント

子どもの発言は多くの場合、脈絡なく、ポンポンと飛び出す。その発言を整理し、ジグソウパズルのように、全体系のなかにはめ込み、位置づけをする。それが板書のはたらきの１つである。関係図式法という板書の方法であるが、木の花法・二欄法に続いて、さらに、３つの方式を紹介する。

④ フィッシュ・ボーン（魚の骨）法

黒板は横長なので、木の花法のような縦位置の図は、背丈が不足することがある。フィッシュ・ボーン（魚の骨）法は、木の花法を横に寝かせた図式になる。ただし、１本の背骨から、いくつもの小骨が出せるので、たくさんのカテゴリーと、たくさん答えに対応することができる。子どもは自分の意見がどの小骨に位置づけられるか、興味深くみながら、授業に参加してくる。

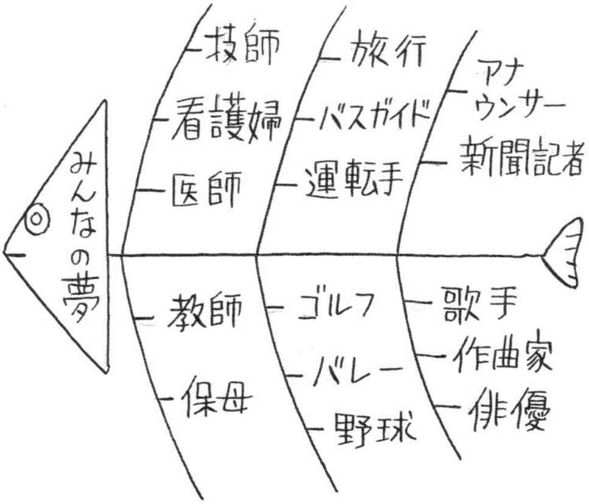

⑤ イラスト法

イラストに自信のある教師は、イラストを多用した板書にチャレンジする。環境教育の授業で、まず黒板の左端にゴルフ場を書く。「ゴルフ場ができました。環境にどんな影響がおこるでしょう」「芝生の管理のため農薬をまいて川が汚れ魚に毒がまわります」と子どもが答えたら、ゴルフ場から流れる川を書き加え、魚への毒性と書き込む。こうしてイラストを板書しながら授業をすすめていく。

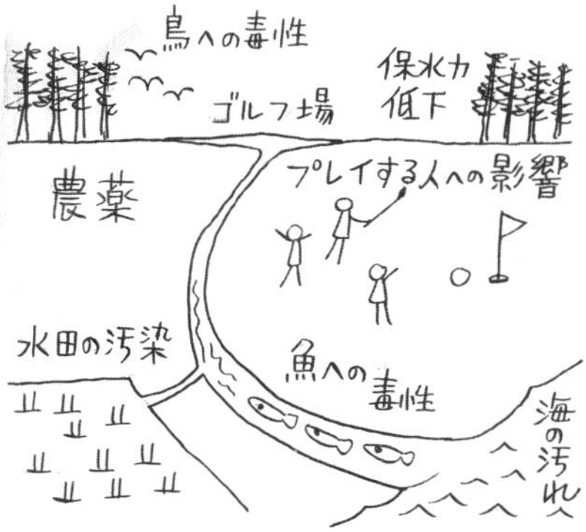

⑥ ブレーン・ストーミング法

たとえば、「ごみをどうしたらいいか」学習グループで話し合う。画用紙を配布し、１枚について１つの答えを書く。このとき、すべての答えを許容する。だから、何枚にもなる。それをすべて黒板に貼る。学級にあるすべての答えが張り出されたことになる。このバラバラの答えを今度はカテゴリーごとに並べかえてまとめる。その一覧を見て、さらに追加があれば受け付けて完成させる。

ノート

学習グループに各１枚の小黒板をもたせておくと能率的である。学習グループで話し合ったことを黒板に出てきて書くようにすると、小学校の子どもは背が低くて書きにくいこと、狭い場所なので押し合って書くことになる。グループごとに自席で話し合って小黒板に書くと、楽に作業ができるし、その黒板をみんなに見せながら発表することができる。小黒板を教具として整備しておくといいだろう。

授業の技術

おもしろ豆テスト

ポイント

豆テストはよくおこなわれる。基礎学力を身につけたい教科では、毎時間、授業の冒頭におこなう。いちどきに全部を覚えさせることはむずかしいので、少しずつ覚えさせようとする方法である。このおもしろ法は、わたしの小学校時代の方法だが、少しばかり遊びの精神が必要なテストである。

① 豆テストのルール

最初に、テスト範囲として５つの漢字を出す。予告テストである。翌日、５題の問題を出してテストする。テスト範囲が５つで、テスト問題が５つだから、テスト問題を教えておいてテストしたことになる。テストは交換してただちに採点される。５題中５題出したのだからほとんど満点と思うが、間違える子どもがいる。採点後、学級全部の間違いを集計する。グループごとに発表し集計する。

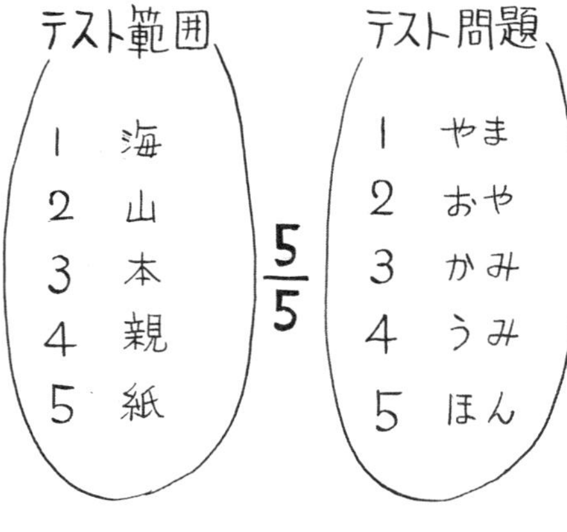

② 合格・不合格のルール

学級全部の間違いが20以内だったら「合格」。21以上だったら「不合格」。「合格」の場合、次のテスト範囲を１題ふやして６つにする。翌日、テストをするが、出題数はいつも５題である。つまり範囲６題、テスト５題である。これを「六分の五」という。次に合格すると「七分の五」になる。ところが、次のテストで不合格になると、前日へ戻り、「六分の五」になる。

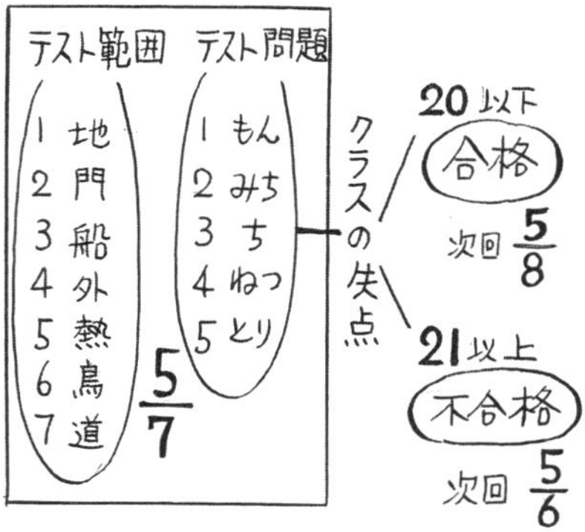

③ テストのすすめかた

このテストは、教科書（あるいはプリント）の漢字に一貫ナンバーをふっておいて、「明日は８番から15番まで」と出題するといいだろう。また、テスト専用のノートを用意するか、わら半紙を八つに区切って使ってもいいだろう。テストは口頭で「１番、この食物には栄養があるの『エイヨウ』」と出題する。テストは毎日やるか、１日置きにするかは、他の活動や授業との関係できめる。

ノート

中学校のように複数学級を担任していると、隣の学級は今いくつになったかの競争心が生まれる。ふつうにやっていっても三十分の五くらいまでいく。しかし、漢字の書き取りの苦手な学級では、合格基準を低くして、間違いを30くらいにしてもいいだろう。ともかく子どもたちがおもしろがってとりくむようにする。問題はこのテストに多くの時間を割かないように素早くおこなうことである。

授業の技術

パワーアップ作戦

ポイント

宿題は、いろんなねらいで出されるが、その最終目的は、自学自習の力「自分で自分に課題を出して学習する」ことである。しかし、自学自習は、かなり高度な能力を必要とするので、最初は宿題を出すが、やがて自学自習できるようにしていく、その中間点の実践が、このパワーアップ作戦である。

① 準備すること

各自に自習のための専用ノートを用意させる。ただし、この「自習ノート」は、時代を反映して、「パワーアップ・ノート」とネーミングする。「自習ノート」というより、「パワーアップ・ノート」とした方がいかにも力が伸びていく感じがする。「パワーアップ・ノート」は、子どもの自習用の専用ノートで、家庭学習のためのノートである。

② 宿題を減らしていく

子どもはそれぞれ自分なりに学習課題を考え、このノートを使って自習し、翌日、教師に提出する。全員に提出させる場合と任意提出があるが、最初は全員に提出させるようにしむけるといいだろう。宿題と平行して実施するが、しだいに宿題を減らしていく。そのためには、授業中に「こんなことをやってみるといいだろう」と課題のヒントを出すと、自習がしやすくなり、その質もアップする。

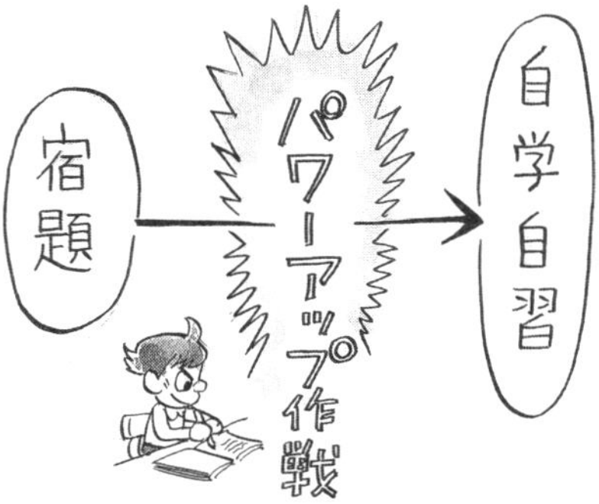

宿題
パワーアップ作戦
自学自習

③ 教師のとりくみ方

教師は提出されたパワーアップ・ノートを調べ、自習課題の立て方、迫り方、練習の仕方などについて、赤ペンでアドバイスする。的はずれや無駄がないように、自学自習の仕方を助言する。ただし、２つの問題がおこる。１つは、やり過ぎる子どもが出て競争が激化する。中止して、冷却期間をおくとよい。２つ目は、ぜんぜん提出しない子どもが出てくる。提出できるように個別指導する。

よくやってきたね
3回書くとおぼえられるよ

ノート

自分に学習課題を出せるようになれば立派である。なかなかできないから、最初は学習グループで話し合い、情報を交換しあうようにするとよい。「わたしは自分で百マスをつくってやります」「ぼくは星について調べます」「新出漢字の成り立ちを調べます」。交流すると、どういう課題を立てて勉強するといいのか、少しずつわかり、なにを勉強していいかわからない子どもが減ってくる。

個人指導の方法

ポイント

勉強の苦手な子どもや、できない・わからない子どもには特別な指導が必要である。授業中に、できない子どもへの個別指導をくみこむのはなかなかむずかしいので、放課後の時間を使うことになる。それがかつての罰としての「残り勉強」にならないように、工夫して実施したいものである。

① ネーミング

放課後の個人指導のネーミングを工夫して、罰や差別的な扱いと受けとられないようにする。ⓐ「家本塾」。担任の名前をつけて開く。子どもは塾生となる。ずばり「家本しごき塾」などもおもしろい。ⓑ「国語病院」。きみは漢字病だから入院させて治療する、となる。ⓒ「ワークショップ」。残して鉄棒の逆上がりを教えるような場合。こうして、なるべく暗いイメージをもたせないようにする。

② 希望参加者から小先生

塾に入れて勉強させる日は、「今日は家本塾を開く」と、学級の子どもたち全員に知らせる。特定の子どもを残すのだが、その子ども以外でも、希望すれば残って塾で勉強できるようにする。「自主・公開・民主」の３原則によって運営するわけだ。そして、希望して塾生になった子どものなかから、塾の小先生になってもらい、教師の手伝いをしてもらってもいいだろう。

③ きっかけのつくり方

「今から名前をいう生徒は放課後残って勉強だぞ」と名前を呼び上げるような方法は、あまり感心しない。たとえば、豆テストをやる。「４問以上間違えた人は、しごき塾に強制参加だ。希望者も歓迎する」。こうすると、たまたまその日、４問以上間違えてしまったということになる。子どもにもメンツがあるので、自尊心を傷つけないように配慮して個人指導の機会をもうけるようにする。

勉強風景

ノート

子どもたちへの罰には、たんす（立たせられる）・のこぎり（残り勉強）・ふじさん（つねられる）・うめぼし（げんこでごりごり）など、いろいろとあったが、子どもたちがいちばんいやだったのが、「のこ勉」。これは今も変わらない。放課後の自由な時間を拘束されることはたいへんな苦痛だからだ。その「のこ勉」を楽しくしちゃうというのが、この実践のおもしろいところである。

授業の技術

学習運動

ポイント

子どもたちが、主体的に授業にとりくむようにすることが、学習指導の１つの課題である。子どもたちみんながわかる・できる授業にしようと、自分たち自身が、ⓐ学習態度をよくすることにとりくむ。ⓑ学習内容の獲得にとりくむ。ⓒ学習したことを応用し、実践する。この一連のとりくみを、学習運動の指導という。

1 みんなできめてとりくむ

みんながわかる楽しい授業にするには、ただ教師の言うことにしたがっているだけでなく、もっと積極的に「生徒ができることはないか」と考え、「こういうことにとりくもう」と目標を立て、力を合わせてとりくむ活動が学習運動である。大事なことは、教師がきめたことを生徒がとりくむのではなく、生徒がきめて自分たちでとりくむことでなくてはならない。

② 規律へのとりくみ

学級の学習委員会のような組織が中心になってとりくむとよいだろう。最初は「やる気になれば簡単にできること」からはじめるのがセオリー。規律にかんすることでは、ベル席を守る。道具を出して授業の開始を待つ。道具の忘れものはしない、こんなことからはじめ、やがて「先生の説明がはじまったら私語はやめよう」「お互いに注意しあおう」「１日１回は発言しよう」とすすんでいく。

③ 学習内容へのとりくみ

たとえば、「書き取り全員百点運動」。物取り的にみえるが、子どもたちが助けあい協力しあってとりくむようにする。小学校低学年では「勉強ごっこ」としてとりくむ。中学校でよくおこなわれるのが、定期テストへのとりくみ。教科係が問題をつくって「模擬テスト」を実施するとか、放課後、「テストの勉強会」を開いて、テスト範囲の問題を学習ガイドに教えてもらう。

ノート

こういうとりくみは、とかく掛け声倒れに終わりがちである。子どもたちがみんなでとりくんだら、「よかった」「得をした」となるように教師は支援する。そのためには、「満点」を目標にせず、「60点」というような達成できそうな目標からはじめる。そして達成できたら、盛大にお祝いの会を開き、今度は「70点達成」に挑むというように、段階的にとりくんでいくと成功する。

授業の技術

密案をつくる

ポイント

授業の前に教案をつくるが、ときに、さらに細かい教案を立ててのぞむことをすすめたい。密案という。ふつう二欄につくる。上欄は教師の言葉、説明や質問・発問を書く。下欄には、その教師の言葉にどう子どもたちが反応するか、その予想を書く。密案をつくると、授業実践の力量が倍増する。

① 子どもを読むためにつくる

実際の授業が密案のようにすすめば成功。しかし、予想したとおりにはすすまない。なぜか。予想が外れるからだ。たとえば、子どもたちがこんな意見を発表してくれるはずだと予想していたのだが、だれも発言しないというようにである。どうして予想が外れたのか。子どもが読めなかったからである。子どもが読めれば、授業はスムーズにすすむし、教材・教具の準備も怠りなくできるようになる。

② 子どもは間違えるもの

予想を立てるのは、「子どもは間違えるものだ」ということを前提にしているからである。教師が発問したら、子どもはどう間違えるだろう。こう間違えるかもしれないから、そのときは、こう教えよう、と。授業はこの間違いをもとに組み立てることになる。そういう理想の授業をつくるために密案をつくる。子どもは間違えないという前提の授業は、多くの落ちこぼれをつくることになる。

子どもは
まちがえる

③ 間違いから授業をつくる

間違いをもとに組み立てる授業がある。たとえば「片足で秤に乗ると体重は、ⓐふえる・ⓑ減る・ⓒ同じの３つのうちのどれか」と問う授業である。正答は実験して求める。実際に秤に乗って確かめた。ところが、あるとき、三択以外の答えが返ってきた。「測れない」という。「えっ。どうして」「片足が秤の外に出ているから」。子どもはいろいろ間違えるものである。以来、四択にしたという。

ふえる、へる、おなじ、
どれかな？
はかれ
ないよ

ノート

教案を書くことはめんどうだ。若いころ、「教案を提出しろ」と強制されると、「教案はわが胸にあり。腹案はわが腹にあり」と答えて煙に巻いた。提出するための教案づくりには反対だが、自分の授業を計画し、反省するには、そのもとになる教案づくりは欠かせない作業である。その作業の過程で、１年に数回でいいから、密案をもとに授業をしてみて、自分の授業を省みるようにすべきだろう。

コラム

★取り読み★

「取り読み」とは国語の授業における「読み方指導の一方法」である。たぶん、この用語は教育学事典にも載っていないだろう。

「取り読み」とは「読みの取りっこ」という意味で「取りっこ」という言葉が示すように「競いあう遊び」である。

「取り読み」には３つのルールがある。

１　教師が指名して読むのではなく、「では、これから読みをします」と教師が言うと、「はい。読みます」と言って、読みたい子どもが起立して自発的に読みはじめる。

２　読んでいる途中に、まちがえて読んだり、つっかえて読んだりすると、すぐに、他の子どもが立ち上がって、間髪を入れずに読み取る。ここから「取り読み」という用語が生まれた。

３　読む子どもは「取り読み」されないように読む。ただし、一人の読む量は、多くても形式段落の２～３くらいで、そこまで読んだら座って、次の人に引き継いでもらう。つまり、大勢の子どもがかわりあって読むシステムになっている。

これは戦前から実践された読み方だったが、戦後、自発的な学習活動が奨励されたことで脚光を浴び、一時期、広く実践された。わたし自身、戦前、小学生のとき「取り読み」したし、戦後、小学校教師になったとき、「取り読み」を実践した。

しかし、この方法には多くの欠陥がある。「取り読み」に参加する子どもは限られている。また、人の失敗を咎めて、その活動を横取りするという方法が子どもの人格発達によくない。さらに、じっくりと読む「味読」に適さなかった。

そんなこともあって、「取り読み」ははやらなくった。だが、換骨奪胎したり、ルールを変えたら、あるいは、新しい読みの方法が生まれるかもしれない。

❇——あとがき

教えていた子どものなかに数学の嫌いな子どもがいた。むろん、授業態度も悪かった。その子どもをみていて、「さぞ、授業がつらかろう」と思って、そのことを聞くと「数学の授業がいちばん楽しい、おもしろい」というのでびっくりしたことがあった。

子どもの世界には「よくわからない・できない、けれど楽しい授業もある」ということだった。

学級で教科係をきめたとき、この子どもはすすんで数学係に立候補し、当選した。数学の授業前の休み時間になると、職員室にやってきては、数学の先生に「先生。つぎは、おれなんかのクラスだよ」と知らせ、「ねえ、先生。今日、部活あるよね」と部活動の話をする。

数学の教師はバスケットの顧問で、この子どもはバスケット部員だったからだ。子どもはバスケットが好き、その顧問もとても好きである。だから、数学は嫌いでも部活顧問が好きなので、なんとか数学の授業についていっている。

「おれはなにが嫌いって、数学ほど嫌いなものはないが、数学の先生は大好きだから、数学の授業はけっこう楽しい」と言うのであった。

変な理屈だが、「好きな先生の授業は楽しい」というのが子どもの世界である。だから、その反対もある。「国語は好きだけど国語の先生が嫌いだから、国語の授業は楽しくない」といった例である。

つまり、授業が楽しいとか、楽しくないとかは、「わかる、わからない」ことのほかに、教師のパーソナリティーが原因することもあったのだ。このごろ、授業が成立しなくなってきたのは、教師不信の増大とかなり関係しているように思われる。

教育は教師の人格をとおしておこなわれるから、教師の好き嫌いが与える影響は大きい。子どもたちに嫌われている教師の授業は成立しにくいし、好かれていれば、多少教え方がまずくても授業は成立する。

この意味からも、子どもたちに好かれ信頼される教師になることである。

では、どうしたら子どもに好かれ信頼される教師になれるのだろうか。授業という場からみて、子どもたちに好かれている教師には、共通する教育的態度がある。

1　ひいきをしない教師である。できる子どもだけを相手に授業をすすめない教師である。

2　わからない子ども、できない子どもの苦しみ・痛みに共感する教師である。できない子どもをみると、苦しんでいるようにはみえないが、その心は傷つき病んでいるのである。

3　いつも子どものなかにある「よいもの・美しいもの・正しいもの」を発見し、ほめることに意を払う教師である。少しの努力をも見逃さずにほめてくれる教師である。

4　子どもの話を受容的に聞く教師である。教師の価値観を一方的に押しつけず、子どもの意見を聞きながら歩もうとする教師である。

5　最後は、少しくらい間違っても、大きな花丸をおまけしてくれる教師である。

こういう教師に教わると、子どもたちはいつしか、先生が好きになり、やがて、その教科が好きになってくる。先の子どもも、やがて、数学そのものが好きになった。

こうして、子どもたちに好かれ、信頼され、楽しい授業を創造しようとすれば、子どもたちの「やる気」も出てきて、授業への集中性も徐々に高まってくるのではないだろうか。

2002年1月25日

家本　芳郎

家本芳郎（いえもと・よしろう）
1930年、東京に生まれる。神奈川の小・中学校で約30年、教師生活を送った。主として学校づくり、生徒会活動、行事・文化活動、授業研究に励む。退職後、研究・評論・著述・講演活動に入る。長年、全国生活指導研究協議会・日本生活指導研究所の活動に参加。
現在、全国教育文化研究所、日本群読教育の会を主宰。
著書：『イラストでみる楽しい「指導」入門』『ＣＤブック・家本芳郎と楽しむ群読』『楽しい授業づくり入門』『子どもの心にとどく・指導の技法』『子どもと歩む・教師の12カ月』『群読をつくる』『新版・楽しい群読脚本集』（以上、高文研）ほか多数。
ホームページ　http://www007.upp.so-net.ne.jp/iemoto/
Ｅメール　iemoto@pg7.so-net.ne.jp

広中建次（ひろなか・けんじ）
1954年、山口県に生まれる。山口県立日置農業高校卒。漫画家。
主な作品に「山口の伝説」「ＬＯＶＥ♡ＬＯＶＥミミちゃん」「ふるさと人物伝」など。著書に『はりきりケン太くん』『マンガ仏事入門』『蓮如さんのお話』（本願寺出版社）『ＣＯＭＩＣ錦鯉入門』（新日本教育図書）『やまぐちの昔ばなし』（長門時事新聞社）『香月泰男』（山口新聞）『学校はだれのもの!?』（高文研）ほか。

イラストでみる 楽しい「授業」入門

●2002年 3月15日――――――――第１刷発行
●2004年10月 1 日――――――――第３刷発行

著　者／家本芳郎＋広中建次
発行所／株式会社 高文研
東京都千代田区猿楽町2-1-8 〒101-0064
TEL 03-3295-3415　振替00160-6-18956
http://www.koubunken.co.jp
組版/高文研電算室
印刷・製本／株式会社シナノ

ＩＳＢＮ4-87498-276-X　C0037